„Liebes Cembalinchen ...“

„Liebes Cembalinchen ...“

Albert Schweitzer – Alice Ehlers

Eine Freundschaft in Briefen

Herausgegeben von Alice R. und Kurt Bergel

PHILO

Umschlaggestaltung: Gunter Rambow, Frankfurt/Main
Druck und Bindung: Nexus Druck GmbH, Frankfurt/Main
Printed in Germany
ISBN 3-8257-0041-0

INHALT

EINLEITUNG

Dieses Buch ist das Zeugnis einer Freundschaft.

Als sich im Jahre 1954 Schüler in Berlin-Neukölln entschieden, ihre Schule nach Albert Schweitzer zu benennen, erhielten sie von Schweitzer einen Brief, in dem diese Sätze stehen: „Ich wünsche Euch, dass viele schöne herzliche Freundschaft unter Euch walte. Ich habe solche Freundschaft auf der Schule, auf dem Gymnasium in Mülhausen/Elsass gekannt. Es waren Freundschaften fürs Leben. Darum wünsche ich Euch, dass Ihr die Freundschaft hoch haltet. Sie ist ein kostbares Gut.“[1]

Während seines langen Lebens hatte Schweitzer viele Freunde. Er gewann und pflegte die Freundschaften, weil er die Gabe des Gesprächs besaß, das Talent und den Willen, sich dem Wort des anderen wirklich zu öffnen und es hörend in sich aufzunehmen. Seine Freundschaft mit Alice Ehlers zeichnete sich durch diese Eigenschaften aus, aber sie ging noch darüber hinaus. Vergleichen wir die meisten von Schweitzers Freundschaftsbriefen mit denen an Alice Ehlers, so spüren wir in diesen eine besondere Wärme und menschliche Zuneigung.

Als Albert Schweitzer (1875-1965) und Alice Ehlers (1887-1981) sich 1928 kennenlernten, war er dreiundfünfzig und sie einundvierzig. Er war in Europa berühmt als Philosoph, der die Grundlagen einer neuen Ethik gelegt hatte, und als Historiker des Urchristentums, der ein neues Bild von Jesus und Paulus gezeichnet hatte, als hervorragender Kenner und Interpret von Johann Sebastian Bachs Musik und als Missionsarzt, der seine ethischen Prinzipien in die tagtägliche medizinische und menschliche Hilfe für die Eingeborenen des afrikanischen Urwaldes umsetzte.

In einer bisher unveröffentlichten Reihe von autobiographischen Interviews beschrieb Alice Ehlers ihr erstes Treffen mit Schweitzer in Berlin nach dessen Vortrag über sein Hospital in Lambarene.

„In seiner freundlichen und menschlichen Art sagte Dr. Schweitzer: ‘Ich gehe jetzt in das Café Soundso. Wer auch immer mich kennenlernen will, ist mir dort willkommen.’ Er wußte, daß Deutschland arm war; die meisten seiner Zuhörer konnten sich ein besseres Lokal nicht leisten. Er wählte das billigste in der Gegend, das zu Fuß zu erreichen war und wo man für 10 Pfennig eine Tasse Kaffee bekommen konnte. Er wollte, daß jeder kommen konnte, nicht nur die Wohlhabenderen. Das war typisch für Dr. Schweitzer.

Ich saß dort mit einem Freund an einem Tisch, nahe genug, daß ich ihn sehen konnte. Plötzlich trat eine Dame, die an Schweitzers Tisch gesessen hatte, an mich heran. Es war seine treue Sekretärin, Frau Martin, die ich später noch oft sehen sollte. Sie fragte mich: ‘Sind Sie Alice Ehlers?’ Ich bejahte. ‘Der Doktor möchte Sie gern kennenlernen’, sagte sie. Ich fiel fast von meinem Stuhl. Ich war damals jung, voller Begeisterung und Hingabe; so ging ich hinüber an seinen Tisch. Er nahm den Brief eines Freundes aus seiner Tasche und las einige Zeilen daraus: ‘Es gibt hier eine junge Dame, die Bach sehr verehrt. In allen ihren Konzerten spielt sie Bach, und zwar auf dem Instrument, mit dem Bach vertraut war, dem Cembalo.’ Und dann las er seine Anmerkung am Rande des Briefes: ‘Möchte sie bei meinem nächsten

Besuch in Berlin kennenlernen.' Das war also der Grund, warum er mich kennenlernen wollte.

Dann sagte Dr. Schweitzer zu mir: 'Ich möchte Sie gern spielen hören.' Ich fragte ihn: 'Meinen Sie wirklich, was Sie gesagt haben?' Er antwortete: 'Ich meine immer, was ich sage.' Da sagte ich: 'Ich werde das Cembalo in Ihre Wohnung bringen lassen.' 'Ich wohne bei Freunden', antwortete er, 'aber es ist im fünften Stock.' 'Das macht nichts. Ich bringe das Cembalo und einen jungen Cellisten mit, mit dem ich jetzt arbeite, und wir spielen für Sie.' Ich erinnere mich noch, was ich spielte. Es war Bachs Fantasie in c-moll. Es ist noch immer eines meiner Lieblingsstücke.

Das war also der Anfang. Später, in Frankfurt am Main, nachdem er mich in einem Konzert hatte spielen hören, lud er mich ein, ihn in seinem Haus in Günsbach zu besuchen. Ich nahm an und genoß diesen ersten Besuch dort sehr."[2]

Der Ton dieses Berichts könnte leicht den Eindruck erwecken, daß hier eine junge Anfängerin Schweitzer vorspielte. Dieser galt damals als einer der größten Bachkenner und insbesondere als eine Autorität in der Frage, Bachs Werke stilistisch richtig wiederzugeben. Aber Alice Ehlers war keine Anfängerin.

Geboren in Wien und ausgebildet in Berlin, war sie am 23. März 1932, als Schweitzer ihrem Konzert in Frankfurt beiwohnte, eine Frau von 45 Jahren und eine seit langem konzertierende Künstlerin. Neben Wanda Landowska, ihrer Lehrerin, galt sie als die führende Cembalovirtuosin Mitteleuropas. In dem Jahr, bevor sie Schweitzer in Berlin kennenlernte, hatte sie bei der Jahrhundertfeier zu Beethovens Todestag in Wien ein Werk von Händel gespielt; in demselben Konzert war auch Pablo Casals aufgetreten. 1929 machte sie eine Konzertreise durch Südamerika. Wiederholt musizierte sie mit Paul Hindemith, der die Viola d'amore spielte. Sie lehrte ihr Publikum auf drei Kontinenten, Barockmusik, auf authentischen Instrumenten gespielt, zu hören und zu schätzen.

Die Beziehung von Albert Schweitzer und Alice Ehlers dauerte siebenunddreißig Jahre. Erst 1965 endete sie mit Schweitzers Tod.

Als Schweitzer 1932 die Ansprache zur Gedenkfeier anläßlich des 100. Todestages von Goethe in dessen Geburtsstadt Frankfurt hielt, war Alice Ehlers unter den Zuhörern. Dreizehn Jahre später beschrieb sie das festliche Ereignis: „Das Opernhaus, wo Schweitzer sprechen sollte, war bis auf den letzten Platz gefüllt. Frankfurts Gesellschaft, Vertreter der Künste und Wissenschaften aus Europa und Amerika waren zugegen."

Dann erinnerte sie sich an ihr eigenes Auftreten zwei Tage später, als sie mit dem Budapester Streichquartett spielte: „Diese Konzerte der Frankfurter Museums-Gesellschaft waren immer schon zu Beginn der Saison ausverkauft; aber als Dr. Schweitzer den Wunsch äußerte, unser Konzert mit einigen Freunden zu besuchen, wurden Stühle für sie aufgestellt. Ich werde nie vergessen, wie die gesamte Zuhörerschaft sich wie ein Mann erhob, als Dr. Schweitzer den Raum betrat. Ihn begleitete Dr. Alice Masaryk, die Tochter des früheren Präsidenten der Tschechoslowakei, der einer von Schweitzers nächsten Freunden war."[3]

Schnell vertiefte sich die Beziehung zweier Musiker zu einer engen Freundschaft. Schweitzer änderte die Anrede von „Liebe Frau Ehlers" zu „Liebes Schwesterchen Cembalo" und schließlich zu „Liebes Cembalinchen".

Eine Briefstelle zeigt in charakteristischer Weise, wie sich bei Schweitzer persönliche Gefühle und Didaktisches verbanden: „Ich hoffe, daß es Dir gut geht. Wann werden wir uns wiedersehn? Ich vergesse Dich nicht. Denke immer daran, beim Spielen gut zu phrasieren.“[4]

Nach der nationalsozialistischen Machtübernahme mußte Alice Ehlers wegen ihrer jüdischen Abstammung Deutschland verlassen. Schweitzer bot ihr sein Haus in Günsbach als Zuflucht an: „‘Dies ist Dein Heim. Du hast jetzt kein Heim mehr. Ich will, dass Du eine Bleibe hast. Wenn Du England verlässt (und Du kannst dort nicht immer bleiben, wenn dies auch freundliche, wunderbare Menschen sind) und nicht weisst, was Du mit Dir anfangen sollst, dann muss ich in Afrika wissen, dass Du ein Heim hast. Hier ist es.’ Und ich benutzte es sehr oft, wenn niemand in dem Haus war, nur ich allein.“[5]

Es war das Haus, das Schweitzer 1928 in seinem Heimatdorf gebaut hatte. Günsbach, wo er seine Kindheit verbracht hatte, wurde ihm und den Ärzten und Krankenschwestern seines Hospitals zu einem Ort der kurzen Ruhe und Erholung von den Strapazen des Lebens in dem feuchten und heißen Klima von Lambarene. Für Alice Ehlers war es eine Zuflucht, während jenseits des Rheins, nur ein paar Kilometer entfernt, die nationalsozialistische Regierung sich Deutschland unterwarf und den Zweiten Weltkrieg vorbereitete.

Hier im Oberelsaß übte Alice Ehlers 1935 in Schweitzers Abwesenheit für die Konzerte anläßlich des hundertfünfzigsten Geburtstags von Bach, Händel und Domenico Scarlatti, die dann über den Sender der British Broadcasting Corporation übertragen wurden. In Günsbach wurden Schreiner und Hufschmied, Schweitzers Nachbarn, angehalten, sie mit Gemüse zu versorgen. „In dem kleinen Dorf durfte eine Freundin Schweitzers damit rechnen, von den Nachbarn versorgt zu werden. Schweitzer war persönlich abwesend, sein Geist aber war irgendwie um mich und half mir in vieler Weise.“[6]

Zu der Zeit ihrer Besuche in Günsbach lebte Alice Ehlers in England, doch konnte sie sich als Ausländerin dort keine finanziell sichere Laufbahn aufbauen. Daher wählte sie als endgültige Heimat die Vereinigten Staaten, wo kein Gesetz einen Emigranten daran hinderte, sich seinen Lebensunterhalt zu verdienen.

Im Jahr 1936 besuchte sie Amerika für kurze Zeit, um in der Library of Congress zu spielen. Da ihre Tochter Christina bereits in Los Angeles lebte, beschloß sie, im folgenden Jahr dorthin zu übersiedeln, nachdem sie im Sommer an der Juilliard School of Music in New York gelehrt hatte. Durch ihr Cembalospiel in dem Lawrence-Olivier-Film „Wuthering Heights" wurde sie damals in weiteren Kreisen bekannt. 1940 nahm sie eine Professur für ältere Musik und Cembalo an der University of Southern California in Los Angeles an und verblieb in dieser Stellung bis zu ihrer Emeritierung. War die erste Hälfte ihres Lebens dem Konzertieren gewidmet, wurde Alice Ehlers in der zweiten eine begeisterte und weithin geschätzte Musikpädagogin. Trotzdem veranstaltete sie auch dann noch Konzerte, oftmals mit ihren Studenten.

Als Alice Ehlers nach Amerika auswanderte, setzte dies dem persönlichen Zusammentreffen mit Schweitzer fast ein Ende. Nur noch zweimal, 1947 und 1959, besuchte sie ihn in Günsbach. Ihren Briefwechsel jedoch setzten die beiden Freunde fort.

In den ersten zwei Jahrzehnten ihrer Freundschaft erscheint Schweitzer als Lehrer und Mentor: „Er war gütig gegen jedermann, aber er war besonders gut zu mir, wie ein Vater, streng und gut."[7] Er ist in seinen Briefen die gütige und liebevolle Respektsperson, die alle, die ihn persönlich kannten, in der Erinnerung bewahren.

Während des Zweiten Weltkriegs und danach aber entwickelte sich eine andere Seite ihrer Freundschaft.

Schweitzers Freunde und die Gönner seines Hospitals waren nun nicht mehr in der Lage, ihn mit medizinischen Apparaten, Medikamenten und Geld zu unterstützen. Neue Freunde mußten gefunden werden, und sie fanden sich vor allem in den Vereinigten Staaten. Alice Ehlers war einer dieser neuen Helfer. Durch Konzerte, vor allem an ihrer Universität und am Pomona College, konnte sie Schweitzers medizinische Mission unterstützen. Die frühere musikalische Kollegin, die sich bereitwillig dem Urteil und Rat des älteren Meisters unterworfen hatte, half nun als aktives Mitglied der „Pacific Coast Branch of the Albert Schweitzer Fellowship" dem Freund, seine schwere Last am Ogowefluß zu tragen.

Schweitzers Charisma, Charme und Begeisterung bestärkten andere darin, ihm bei seinem humanitären Werk zu helfen. Seine Selbstlosigkeit war ansteckend und veranlaßte Menschen von Japan bis England, von der Schweiz bis Amerika, nach Lambarene zu gehen, Lambarene zu fördern und ihr eigenes „Lambarene" irgendwo und irgendwie zu entdecken.

Schweitzers Briefe aus seinem letzten Lebensjahrzehnt spiegeln seine Überzeugung wider, daß seine Philosophie der Ehrfurcht vor dem Leben mehr und mehr Zustimmung in der Welt fand. Durch seine Radiosendungen und Briefe an leitende Staatsmänner wie Eisenhower, Kennedy, Chruschtschow und Nehru förderte er den politischen Prozeß, der 1963 zu dem internationalen Vertrag führte, durch den Kernwaffenversuche in der Atmosphäre verboten wurden.[8] Dies mußte ihn in seiner Überzeugung stärken, daß seine Ethik den Weg vom gedruckten Wort in die Herzen der Menschen und gelegentlich sogar in den Bereich internationaler Verträge gefunden hatte.

Alice Ehlers überlebte Schweitzer um sechzehn Jahre. Sie trat weiter in der Öffentlichkeit auf, zum Beispiel bei den Bachfestspielen in Carmel, Kalifornien, und mit der Viola-da-gamba-Virtuosin Eva Heinitz, und empfing manche öffentlichen und akademischen Ehren. Sie war die Lehrerin vieler Cembalisten, da das Cembalo nun, mehr als in ihrer Jugend, als Solo- und Ensemble-instrument in den Konzertsälen heimisch geworden war. Sie war an der University of Southern California mehr Mentorin von ausübenden Musikern als musikgeschichtliche Forscherin.[9]

Als Künstlerin war sie selbstkritisch und strebte nach Vollkommenheit in der Wiedergabe barocker Musik. Sie kämpfte für einen historisch-authentischen Stil beim Spielen alter Werke. Wo immer Musiker und Musikfreunde zusammenkamen, war sie die grande dame.

Die offizielle Historikerin der Musikabteilung (School of Music) der University of Southern California, Pauline Alderman, nannte Alice Ehlers „eine wahrhaft große musikalische Persönlichkeit, deren Spiel, Ideale und beratende Hilfe für Kollegen und Studenten die School of Music in den nächsten fünfundzwanzig Jahren beeinflussen sollten“.[10]

Kurt Bergel

Strassburg
2 rue des Greniers
21.6.28

Liebe Frau Ehlers,

ich danke Ihnen noch herzlich für die lieben Grüsse aus Italien! Wenn Sie wieder nach dem „Süden“ kommen, vergessen Sie uns nicht. Sie können so gut bei mir logieren. Heute stehen wir ganz unter dem Eindruck von der Nachricht von Graeser's[11] Tod und können es nicht fassen. Wie kann so etwas möglich sein? Was wissen Sie darüber?

Herr Schweitzer war seit Ostern auf Reisen in Holland und England. Ich begleitete ihn in Holland, um ihm zu helfen.

Er ist sehr müde und hat Übermenschliches geleistet. Er lässt Sie herzlich grüssen. Nie vergessen wir, wie lieb Sie für ihn waren – das war eine so grosse Freude! Wir hatten inzwischen die Aufführung der K.d.F.[12] mit Wanda Landowska.[13]

Ich spreche viel von Ihrem herrlichen Spiel auf den Reisen, so auch kürzlich in Basel und Freiburg bei Prof. Gurlitt,[14] der Sie so gerne einmal hätte, aber nur wenig Mittel hat.

Ich schicke Ihnen anbei Heft III der Mitteilungen[15] mit tausend herzlichen Grüssen

Ihre Emmy Martin[16]

Frau Bahlmann[17] hat unsagbar viel für unseren Doktor getan. Sie war inzwischen bei mir in Kork.[18]

Bitte schreiben Sie mir ein Wort. -

Liebe Frau Ehlers,

Ich bin tief ergriffen, dass Gräser aus dem Leben gegangen? [ist] und schreibe Ihnen diese Zeilen, weil Sie ihn ja so gut kannten. Wir in Strassburg haben von ihm gerade vor seinem Scheiden einen wundervollen einfachen, an meinen Freund Minder[19] gerichteten Brief bekommen, in dem er sagt, wie er von der Freude an äusserem Erfolg zurückkomme, um sich zu verinnerlichen. Dieser Brief hatte uns so gefreut ... und dann die Nachricht des Scheidens in der Zeitung.

Viele liebe Gedanken
Ihr Albert Schweitzer

Strassburg
2 rue des Greniers
2.7.28

Liebe Frau Ehlers!

Wir waren so bewegt, als wir Ihre Briefe lasen, der Doktor und ich, wie unfasslich ist dies alles! Wir hoffen Sie einmal zu sehen in den nächsten Monaten. Ihr Bild macht so grosse Freude. Es ist so natürlich und lebt ganz. Vielen herzlichen Dank, liebe Frau Ehlers. Vorerst steht es hier in unserem Arbeitszimmer. Der Doktor ist zur Zeit hier in Strassburg; wir haben so viel Arbeit.

Er hat vorgestern in Colmar[20] ein Orgelkonzert gegeben auf der herrlichen alten Silbermannorgel.[21] Leider ist er immer noch sehr müde – aber gegen diese Müdigkeit ist man ganz machtlos. Ach, Sie müssen einmal kommen und sich den Betrieb hier ansehen.

Viel Herzliches und Liebes
von Ihrer Emmy Martin

Liebe Frau Ehlers:

Nun sind wir vereinigt in gemeinsamem Schmerz. Ich hatte so grosse Freude, mit Gräser[22] zusammen zu sein, und wir haben auf einer Bahnfahrt sehr ernst miteinander gesprochen. Ich sagte ihm, er dürfe kein moderner Mensch sein, der von Erfolg zu Erfolg eilen wolle. Dass wir alle viel von ihm erwarten, aber dass das Höchste der Mensch durch seine Verinnerlichung hervorbringen könne – Er war sehr lieb zu mir, und ich gedachte, ein wenig sein Führer zu werden – Nun hat alles ein Ende. Ach, hätte ich bei ihm sein können und in aufrichten in der Krise ...

Viel Liebes
Ihr Albert Schweitzer

[1928]

Liebe Frau Ehlers,

Also senden Sie Bannflüche gegen mein Haupt? Was die guten Basler Ihnen nur vorgejammert haben mögen! Meine Stellung ist dieselbe wie von jeher: Das Cembalo ist ein historisch interessantes, in einer bestimmten Musik absolut notwendiges Instrument, soll richtig unter uns gepflegt werden. Aber es war nicht das Ideal Bachs, sondern dieser hat ein Instrument gesucht, „cantabel"[23] darauf zu spielen und hat desswegen immer wieder auf das Clavichord zurückgegriffen. Die Vollendung des Clavichords ist das Clavier mit doppelter Auslösung, auf dem Singen und Betonen möglich ist.

Das ist die Wahrheit. Sie lässt viel Raum für das Cembalo, zum Glück, aber sie muss zuweilen auch gesagt werden, wo die falsche Doktrin ausgesprochen wird, als ob das Cembalo das Ideal Bachs darstellte – Ich glaube, darin sind Sie vollkommen mit mir einig. Glauben Sie, es ist mir nicht leicht geworden, in einigen

Städten die Frage des Cembalos zu präcisieren. Aber es wurde etwas furchtbar viel Fantasie über den Gegenstand laut. Alle müssen wir der Wahrheit dienen.

Herzlichst
Ihr treu ergebener und trauriger[24]
Albert Schweitzer

Günsbach[25] bei Münster, 16.2.32

Liebe Frau Ehlers,

Ihr lieber Brief hat mich tief bewegt. Ich habe so lange nichts mehr von Ihnen gehört, einmal einen Brief geschickt, der zurückkam. Aber vorerst die gute Nachricht, dass unser Doktor vor zwei Wochen gesund aus Afrika zurückkam. Es ist so unfasslich, dass er nicht mehr so müde und viel schaffensfroher ist.

Aber nun haben wir die Freude, Sie am 22. März in Frankfurt zu sehen! Die Feier[26] ist im Opernhaus um 11 Uhr. Bitte rufen Sie an, damit wir uns sehn und ausmachen, wo Sie den Doktor sehn können. Adresse: Frau Dr. Eugen Jacobi,[27] Schaumainkai 67, Tel. Spessart 623 22. Fragen Sie nach mir.

Und nun auf ein frohes Wiedersehen! Von Herzen

Ihre Emmy Martin

Liebe Alice Ehlers,

Tausend Dank für die so lieben Zeilen! Womit habe ich denn verdient, dass die Menschen so gut mit mir sind. Ich freue mich furchtbar, Sie am 23.3. in Frankfurt zu sehen und zu hören.

Herzlichst
Ihr ergebener Albert Schweitzer

Günsbach 16.9.32

Liebes Schwesterchen Cembalo -

Heute liegen Herbstnebel über den Wiesen ... Es ist unbeschreiblich schön. Die Orgel[28] ist jetzt fertig und klingt wunderbar – Alle haben wir Heimweh nach Ihnen ...

Mit lieben Grüssen ...
Es war so schön –
Herzlichst
Ihr Albert Schweitzer

Bussum[29], den 15/XII 1932
„De Papaver“
Breedelaan 3

Sehr verehrter und sehr geliebter Doktor,

Sie waren in Berlin, und ich habe Sie versäumt, weil ich in England war. In wenigen Tagen fahre ich nach Jerusalem und weiter, und so werde ich Sie wohl vor Ihrer Afrika-Reise nicht mehr sehen. Das tut mir in der Seele weh, ein richtiges Schmerzgefühl ist da. Sie sind mir zu meiner Heimat geworden, und Sie wissen ja, wie man sich nach seiner Heimat sehnt. Ich habe viel gespielt; mehr als 22 Konzerte in 30 Tagen. Leider war ich nur sehr selten wirklich zufrieden mit mir. Der äussere Erfolg war gross. Aber meine innere Stimme ist stark, und kein Erfolg, nicht die herrlichste Presse kann sie übertönen. Ich leide viel darum in dieser Zeit. Ich gehöre nicht zu den Menschen, die sich allein mit der Gesinnung zufrieden geben. Gesinnung ist etwas, der Anfang, aber viel, sehr viel gehört noch dazu, um vollendet zu sein. Und die Vollendung allein erstrebe ich, in allem. Ich bemühe mich um sie, weiss wohl, dass sie nur wenigen beschieden ist.

In Oxford war Miss Danecke [sic][30] so freundlich und zeigte mir den Film. So gerne wäre ich zwei Tage in Günsbach bei Ihnen. Sie müssen gar nichts sagen, aber Ihre Nähe bringt mich schon auf den Weg. Mir scheint, ich habe ihn etwas verloren. So gerne wüsste ich, was Sie vorhaben? Ob das Buch fertig ist, wann Sie reisen? Vielleicht hat die gute Frau Martin eine Augenblick Zeit für mich. Am 26. fahre ich von Triest oder Genua fort. Bis dahin bin ich in Berlin.

Bleiben Sie von Gott beschützt! Ich weiss nichts Anderes zu sagen, es schliesst alles ein. Ihr Sein lebt in meinem Herzen, in meiner Seele und in meinem Geist.

Ihre dankbare Alice Ehlers

22.12.32

Liebes Schwesterchen Cembalo,

Schade, dass Du nicht kommst. Bin Ende Februar noch in Europa (etwa bis 10. März). Melde dich bei Rückkehr vom Süden zeitig an in einem nach Günsbach gerichteten Brief. Du findest mich in Günsbach oder Strassburg oder Königsfeld.[31] Kannst überall hinkommen. Gute Reise.

Dein alter A. Schweitzer

[23. Januar 1933]

Sehr geliebter Doktor,

warum können Sie nicht hier sein? Sie ahnen nicht, wie ich es mir wünsche und ersehne, an Ihrer Hand durch Jerusalem zu gehen, von Ihnen zu hören und durch Sie alles noch stärker und wissender zu erleben. Mich bewegt die Stadt in meiner Seele. Was es ist, warum, das weiss ich nicht zu sagen. Vielleicht ist es das Blut meiner Väter,[32] die noch so lebendige Vergangenheit, die mir so an's Herz greift. Auf dem Tempelplatz, – wo jetzt die Omar Moschee steht, herum gebaut um den Stein, auf dem Abraham Isaac opfern wollte, gegenüber der Oelberg, und im Hintergrund die Moabiter Berge, darüber ein wunderbar blauer Himmel, – stand ich lange, und meine Seele war bewegt, von dem Schicksal und der Vergangenheit meines Volkes, dieses unglückseligen, begabten, verfolgten Volkes, aber sie war noch bewegter, wenn ich zum Oelberg sah, dorthin, wo ein neues Ethos für die Menschen erstanden ist. Ich bin ungeschickt zu sagen, was mich bewegt. Ich bin gewöhnt, die Dinge mit mir allein zu erleben, nicht gewöhnt, ihnen Ausdruck zu geben. Aber Sie verstehen, was ich fühlte, Sie verstehen auch das, was ich schlecht oder gar nicht sagen kann. Und wegen dieses Verstehens und wegen Ihrer Güte und Geduld, und wegen Ihrer Stille, liebe ich Sie so von ganzem Herzen. Nur ich weiss, wie mich Ihre Nähe gewandelt hat. Ihre „Kultur und Ethik"[33] lese ich hier. Muss es aber sehr langsam tun, denn sie fällt mir schwer. Dazwischen lese ich „Der Jüdische Krieg"[34] von Flavius Josephus. Das interessiert mich sehr, weil ich so wenig von allem weiss. Das Land ist herrlich! Ich habe in Haifa gespielt, war auf dem Karmel und habe den Libanon gesehen. Ich war in Jericho und am Toten Meer. Ich wohne in Jerusalem, habe das Cembalo bei mir und arbeite ganz ruhig und ferne von allen Menschen und allem Getriebe, nicht nur für Konzerte, sondern vor allem für mich. Leider muss ich vorsichtig sein, denn ich habe auf der ganzen rechten Seite eine Nervenentzündung und viel Schmerzen. So darf ich auch nur wenig spielen, obwohl mir beim Spielen am wohlsten ist. Deshalb sind auch die Konzerte verlegt worden, neue kommen dazu, und vor Ende April werde ich nicht nach Europa kommen. Und hier muss ich aufhören weiter zu denken. Denn das heisst, Sie vielleicht Jahre nicht zu sehen. Dann überfällt mich eine Traurigkeit und nimmt mir jede Freude an der Arbeit und an allem. So will ich nicht denken und nur den Himmel bitten, dass ich Sie bald und gesund wiedersehen darf, ihn bitten, Sie in seinen gnädigen Schutz zu nehmen und mir Ihre liebevolle Güte zu erhalten, so dass ich, wie in Günsbach und wie auch jetzt mit und ohne Worte zu Ihnen kommen darf.

Ihre dankbare Alice Ehlers

Meine Adresse bis 16. April: Jerusalem 23/I 1933

Alice Ehlers

Lambarene 14.7.33

Liebe Alice Ehlers,

Ich lese Ihre Zeilen aus Wien vom 8. Juni – Ach, sie sprechen aus, in welchen Gedanken ich in der Ferne an Sie gedacht habe. Ich fühlte alles, was in Ihnen vorging – ach, es war nicht schwer ... Und schon in Günsbach habe ich Sie angesehen und mich gefragt, wie Sie das Schwere, das Ihnen bevorstand, tragen würden. –

Wie viele Briefe schreibe ich jetzt Freunden,[35] die in derselben materiellen und seelischen Not sind wie Sie ... Und ich versuche nichts zu erklären – Es ist mir alles so unfasslich. Nur sage ich: es wird vorübergehen. Aber wieviel Menschen werden dann zerbrochen sein! Meinen Weg sehe ich ganz deutlich vor mir. Ich erkläre ihn Ihnen, wenn wir uns wiedersehen – Sobald ich in Europa bin, Anfang des Jahres, schreibe ich, wo wir uns treffen. Bis dahin sollen Sie wissen, dass ich jeden Tag an Sie denke.

In grosser Arbeit und Müdigkeit
Ihr alter Albert Schweitzer

Günsbach 27.5.34

Liebes Cembalinchen,

Tausend Dank für deine Zeilen. Günsbach steht dir offen. Du machst uns Freude mit deinem Kommen. Wie schön, dass du dich hier zu Hause fühlst. Ich selber bin vom 1. Juni bis 15. Juli in Lausanne bei Frau und Kind. Aber Frau Martin und Mlle Emma[36] sind in Günsbach. Am 15. Juli komme auch ich. – Also ... komm, du Gute, so bald du willst. Du hast jetzt auch unten ein Clavier, auf dem du nach Belieben üben kannst.

Dein alter Albert Schweitzer

„Wer einen Körper hat, der zu sehr vielen Dingen befähigt ist, der hat einen Geist, dessen grösster Teil ewig ist.“[37]

39. Lehrsatz Spinoza[38]

Günsbach den 5. August 1934

Heute hat mein geliebter Doktor in der Kirche gepredigt über das Wort „Vergib uns unsere Schuld als auch wir vergeben unseren Schuldigern“. [39]

Über das Verzeihen sprach er in grosser Einfachheit und mit der richtigen Erkenntnis der menschlichen Seele und ihrer Schwäche und ihres Versagens. Er sprach von dem Schauspieler in uns, der, wie er sagt, in jedem von uns lebt, der verzeiht, wenn es mit der grossen Geste des Verzeihens und vielen Worten verbunden ist. Kann er die Worte und die Geste nicht gebrauchen, so bleibt er hilflos am Weg und er kann nicht verzeihen.

Zum Verzeihen, wie er sagt, braucht es keiner Worte; es kann von dem Andern unbemerkt geschehen. Es braucht der Demut, der Liebe und der Geduld. Mich hat die Predigt bewegt, weil er alles, von dem er sprach, in seinem Leben verwirklicht hat. Von Natur aus heftig und leidenschaftlich ist er heute von einer alles bezwingenden Güte. Einer Güte, die nur der besitzt, der alles erkannt hat und der um alles weiss. Sein Leben, sein Verhalten den Menschen gegenüber lehrt alles besser als es alle Worte können. Deshalb ist das Glück, um ihn sein zu dürfen, so gross. Es ist ja nicht das, was er sagt; – er spricht ja kaum über Dinge, die ihn bewegen. – was man wiedergeben kann oder lehren kann, und deshalb ist es so schwer zu fassen, so schwer zu beschreiben, weil das Grosse in ihm sein „Sein" ist. Am ehesten kann man auf ihn anwenden, was Goethe sagt; „Wenn man einmal einen so grossen wahren Menschen sieht, meint man, man käme erst auf die Welt. Aber auch ist's im Moralischen wie mit einer Brunnenkur; alle Übel im Menschen, tiefe und flache, kommen in Bewegung, und das ganze Eingeweide arbeitet durcheinander. Erst hier geht mir recht klar auf, in was für einem sittlichen Tod wir gewöhnlich zusammen leben, und woher das Eintrocknen und Einfrieren eines Herzens kommt, das in sich nie dürr und nie kalt ist.

Gott beschütze Dich, geliebter Doktor!

Alice Ehlers [Dezember 1934]

Liebes Cembalinchen,

Bin vorübergehend in Paris. War in Colmar auf der Préfecture. Habe dort ein Gesuch gemacht, dass man an das französ. Consulat in London schreiben soll, dass gegen deinen Aufenthalt im Elsass nichts einzuwenden ist. Du sollst verlangen „Visa pour plusieurs entrées et sorties sur territoire français".[40] Damit darfst du dann jedesmal 2 Monate bleiben. Nachher verkrümelst du dich für einige Tage nach der Schweiz und kommst wieder für 2 Monate. Also tue so! Hoffentlich geht jetzt alles – Die Leute waren nett.

Wie lieb dein Abschiedsbrief. Und dass du deinen Abend geopfert – für das Kommen an die Bahn. Bestätige mir den Empfang dieser Zeilen nach Günsbach. Also auf Consulat sagen, dass wahrscheinlich etwas von Préfecture Colmar in Deiner Angelegenheit da ist.

Viel Liebes - in Eile
Dein A. Schweitzer

Original: Französisch [5. Dezember 1934]

Ich, der Unterzeichnende, Albert Schweitzer, habe ein für alle Mal die grosse Künstlerin Frau Alice Ehlers, meine Schülerin, autorisiert, zwischen ihren Konzertreisen in meinem Haus in Günsbach (Haut Rhin) zu wohnen und auf meinen Instrumenten zu üben. Ich würde der Behörde, die Aufenthaltserlaubnisse erteilt, ausserordentlich dankbar sein, wenn sie dieser grossen Künstlerin die Gelegenheit gäbe, das Münstertal, das sie so liebt, und meine Gastfreundschaft zu geniessen und von meinen Musikinstrumenten Gebrauch zu machen.

Hochachtungsvoll,
Ihr ergebener Albert Schweitzer

Geprüft für die Legalisierung der Unterschrift des Herrn Professors Albert Schweitzer.
Günsbach, den 5. Dezember 1934

(Siegel) Der Bürgermeister:
(Unterschrift)

14, Holland Park Road W. 14
[Januar 1935]

Sehr geliebter Doktor,

ich unterbreche die Arbeit – Goldberg Variationen,[41] um Dir diesen Gruss zu senden. Der soll doch wenigstens bei Dir sein und Dir alle Liebe und Verehrung und alle guten Wünsche bringen.

Heute im Traum habe ich mit Dir einen Spaziergang gemacht, und wir haben über die Goldberg Var. gesprochen. Das kommt, weil ich 8-10 Stunden täglich daran arbeite. Jetzt würdest Du öfter als im Sommer kommen müssen und mir „aufhören" gebieten. Alles ist im Augenblick für mich versunken; ich komme kaum aus dem Haus, denn ich übe bis tief in die Nacht. Da ich ganz allein hier im Hause bin, störe ich niemanden.

Ach geliebter Doktor, was ist das doch für ein Glück, wenn man so üben kann, und buchstäblich alles um einen herum vergisst. – Als ich heute erwachte, war ich noch ganz glücklich von unserem Spaziergang; das hat den ganzen Tag noch in mir weiter geschwungen. Dass ich Dich nicht mehr sehe, tut recht weh! Der Himmel schicke Dich uns nur bald zurück; so frisch, wie Du diesmal warst und so gütig und liebevoll, wie Du immer bist.

In Liebe und Verehrung
Dein Cembalinchen

Alle Briefe nach Günsbach adressieren.

14.1.35

Liebes Cembalinchen,

Du bekommst einen der ersten Briefe, die ich als 60jähriger schreibe. Tausend Dank für deine so lieben Briefe. Aber es geht mir aus ihnen nicht genügend klar hervor, ob du den Brief erhalten hast, den ich dir für deine Aufenthaltserlaubnis schrieb. Ich war also auf der Préfecture in Günsbach und schrieb dir (es mögen 3-4 Wochen sein), dass ich gebeten habe, dass man das französische Consulat in London benachrichtigt, dass la grande artiste[42] qu'est Mme Alice Ehlers, passe ses vacances dans la Maison du Dr. Albert Schweitzer in Günsbach. Wenn du also dein Visum verlangst, musst du sagen, dass wahrscheinlich ein Brief von der préfecture in Colmar da ist, dich betreffend. Und du sollst ein Visum für mehrmalige Einreise (pour plusieurs fois passer la frontière) verlangen. Dann gehst du als nach 8 oder 10 Wochen für 2 Tage in die Schweiz, und so stellt sich dann die Frage deiner carte de séjour,[43] die du brauchst, wenn du länger als drei Monate bleibst, gar nicht. Das hätten wir auch im Sommer machen sollen. Die Leute auf Préfecture waren nett. Hier hast du noch ein Schreiben von mir, wenn du es je in London brauchst auf Consulat. Also schreibe mir sogleich nach Günsbach, in klarer Weise, ob du diesen Brief erhalten hast. Mit vielen lieben Grüssen!

Dein alter Albert Schweitzer

In Eile!

Alice Ehlers

Auf Dampfer Amérique. An der
Elfenbeinküste 18.2.35

Liebes Cembalinchen,

Tausend Dank für deine lieben Zeilen. Ich freue mich, dass dir nun Günsbach offensteht. Also mein Besuch und mein Geschmuse auf der Préfecture waren nicht vergebens. – Denke manchmal an mich in Günsbach. Übe gründlich Bach. Spiel mir mein Clavier gut ein. Schreib mir auch! Wie gern hätte ich dich in Bordeaux gesehen! Aber ich mache es mir zur Pflicht, eher zu viel als zu wenig Rücksichten zu nehmen. Menschen, die durch Rücksicht auf ihre Gesundheit gehemmt sind, sind oft überempfindlich. Ich erkläre dir das alles einmal mündlich.

Unsere Fahrt verläuft gut. Deine Strickjacke hat mir auf dem ersten Teil der Fahrt, es war bis Teneriffa sehr kalt, gute Dienste geleistet. Jetzt ist sie im Blechkoffer eingepackt.

Ich schreibe Dir in herrlicher Mondscheinnacht. Es ist ein Dampfer gemeldet, der Post nach Europa mitnimmt.

Also: geniesse Günsbach. Bleibe auch dort, wenn meine Frau etwa an Ostern kommt. Spiele meinem Kinde vor und unterrichte es[44] – Ich freue mich darauf.

In Liebe
Dein alter Albert Schweitzer

Strasbourg den 20. Mai 1935

Über alles geliebter und verehrter Doktor,

ich sitze in der Speichergasse[45] mit Frau Martin, und morgen fahre ich in unser geliebtes Günsbach. Leider nur für 1 Woche, und die wird ausgefüllt sein mit der Arbeit für das Londoner Bachfest. Vom 3.-14. Juni spiele ich täglich, und jeden Tag anderes Programm. Du weisst, wie man dazu arbeiten muss. In seinen 4 Wänden glaubt man, dass man seine Sache kann, und dann vor der Öffentlichkeit merkt man das Unglück. –

Gestern das Konzert war würdig und sehr schön. Ich war mit mir nicht zufrieden, aber Busch[46] und Münch[47] fanden die Chromatische[48] sehr gross und gut. Ich habe grosse Sehnsucht nach Dir und spiele sie mir mit Bach bischen fort. Ich freue mich sehr auf diese Woche in Günsbach. Da wirst Du mir noch näher sein, obwohl ich Dich ja im Herzen trage und dadurch eigentlich ganz unabhängig bin vom Ort. Ich habe gestern zum ersten Mal „Christ lag in Todesbanden"[49] gehört. Wunderbar, grossartig, erschütternd! Der Himmel beschütze Dich!

In Liebe und Dankbarkeit,

Dein Cembalinchen

(Original: Französisch) Dr. Albert Schweitzer
Günsbach, Elsass
28.5.35

Ich, der Unterzeichnende, erkläre hiermit, dass die Cembalistin Frau Alice Ehlers eingeladen ist, in meinem Haus in Günsbach so lange zu verweilen, wie sie wünscht.

Dr. Albert Schweitzer

Geprüft für die Legalisierung der Unterschrift des Herrn Dr. Albert Schweitzer.

Günsbach, den 28. Mai 1934[50]

(Siegel) Der Bürgermeister
(Unterschrift)

Lambarene 19.6.35

Liebes Cembalinchen,

Also: endlich gehst du nach Günsbach! Aber das ist ein gutes Zeichen. Daraus schliesse ich, dass du so viele Concertaufträge hast. Wie freut mich dies! Das wagten wir voriges Jahr nicht zu erhoffen. Wie lieb deine Zeilen! Wie gut, dass du Günsbach etwas geniessen kannst. –

Ich schreibe dir ganz in Eile. Jeden Augenblick werde ich gestört. Man bereitet das Gepäck von zwei Pflegerinnen, die fortreisen, vor. Und ständig laute Motorboote beim Spital. Diesen Betrieb solltest du sehen – Wunderbar liegt der Sonnenschein auf dem Fluss ... Und sagen, dass bei all' dieser Herrlichkeit es so trostlos um die Menschenwelt steht ... Manchmal kann man es nicht fassen ... Bleib gesund!

(Unterschrift ausgeschnitten)

Alice Ehlers

Adresse Günsbach. Alsace
17. Oct 35

Liebes Cembalinchen,

Tausend Dank für deine Zeilen. Wie lieb von Dir, mir nach Dover[51] entgegenfahren zu wollen. Ausgemacht! Aber Telegramm unnötig. Ich sage dir meinen Plan schon jetzt. Ich treffe am Freitag 25 Oct in England ein, von Paris aus kommend. Abfahrt Paris 8^{20} Morgens. Calais 11^{40} London Victoria 15^{21}. Wo ich in England lande, kann ich aus meinem Fahrplan nicht ersehen. Aber ich nehme an, dass es Dover ist. Du kannst ja in London nachsehen.

Ich schreibe nur so kurz, weil ich sehr beschäftigt bin und die Augen müde sind. Ich freue mich, dich zu sehen. Viel Liebes

Dein Alter Albert Schweitzer

28. Oktober 1935[52]

Ich habe einige so guten Stunden gehabt und will sie festhalten. Ich war mit Sir Arthur Wauchope,[53] dem High Commissioner of Palestine, bei dem geliebten Doktor. Ich ging nicht gerne mit; denn aus meiner Erfahrung weiss ich, wie leer und disappointed solche Begegnungen meistens ausfallen.

Sir Arthur stellt Fragen, der Doktor antwortet in seiner geduldigen und konzentrierten Art.

„Haben wir uns entwickelt im Sinne der Religion?"

„Ja, denn wir haben die Ethik in der Religion mehr versucht zu realisieren. Es genügt nicht, die Ethik zu lehren, Man muss die Ethik leben. Die Basis aller grossen Denker ist dieselbe. Liebe ist die beste Vernunft!"

„Sind Sie mir nicht böse, dass ich so viel frage?"

„Nein! Wenn ernste Männer sich treffen und nur beschränkt in ihrer Zeit sind, so ist es das einzig Richtige zu fragen und zu antworten.

Wir haben Fortschritte gemacht, aber die letzten 100 Jahre haben uns wieder zurückgeworfen. Das ist es, was wir nicht verstehen könen, Dass wir die einmal gehabte Erkenntnis wieder verleugnen und vergessen und zurückfallen."

„Was denken Sie von der Norddeutschen Religion, die man jetzt wieder versucht in Deutschland zu beleben?"

„Ich kenne diese Religion nicht; das ist keine Religion."

Eine Bemerkung von Sir Arthur bewegte mich sehr. Als er sagte, dass Palästina voll Hass erfüllt ist, und der Liebe mehr bedarf als jedes andere Land. Und dann Albert Schweitzer fragte: „Could you tell me why my tree of good will can't flourish in Palastine?"[54]

Schweitzer kennt das Land nicht, und so konnte er die Frage nicht beantworten. Er sagte nur, dass seine Arbeit in Lambarene viel leichter sei, als Sir Arthurs Werk in Palästina. Als wir uns verabschiedeten, musste ich die Worte Sir Arthur's übersetzen „some times it takes a whole life and you can't get friendly (to be friends oder to make friends with a person), and some times <u>one</u> minute makes you friendly with a man (you feel in 1 minute this person as a friend).[55] Der Doktor bat mich, Sir Arthur für seinen Besuch zu danken, und ihm zu sagen, wie wirklich sehr er sich gefreut hat, ihn kennenzulernen, und wie sehr er ihm dankt, dass er gekommen ist.

28. Oktober 1935

So, Lenerl,[56] bitte meine Aufzeichnungen an mich zurück.

Ich hatte einen schönen Nachmittag! Erst ganz allein Thee mit Sir Arthur, dann fuhren wir zu Schweitzer. Ich habe nur Einzelnes notiert. Die beiden Männer hatten sofort eine warme Sympathie für einander. Ich sass still dabei; seine englische Sekretärin übersetzte. Ich wollte nicht mitgehen, ich war nervös. Aber his Excellency und der Doktor wünschten mich. Und jetzt freue ich mich; denn es wird mir immer eine gute Erinnerung bleiben. Ich müsste mir mehr aufzeichnen Mrs. Schweitzer sagt. Auf der Reise Dover-London – ich fuhr ihm doch entgegen – waren wir ganz allein und ich fragte ihn so viel und er antwortete so ernst. Auf meine Frage „bist Du glücklich?" sagte er „ja; denn ich arbeite und ich [habe] hierbei Erfolg. Als Individuum existiere ich ja nicht mehr, und individuelles Glück kenne ich nicht mehr. Ich lebe eine Art verbreiterte Existenz." –

Er negiert alle Philosophie als reine Wissenschaft! Philosophie hat für ihn nur Berechtigung, wenn sie gestaltend in's Leben eingreift als Humanität. So war die Philosophie der Griechen – verbunden mit ihrem Staat. –

Ich merke mir alles leider schlecht, und gebe es noch schlechter wieder, obwohl ich es im Augenblick so gut begreife. Es ist ein Jammer, denn er gibt sich mir so einfach und ohne jede Zurückhaltung.

So, und jetzt, nach Hause gekommen, finde ich aus dem teuersten Schirm-Geschäft einen Schirm vor; sehr elegant, herrliche Qualität. Von Sir Arthur! Bin wütend!

14, Holland Park Road, W. 14
[Anfang November 1935]

Sehr geliebter und sehr verehrter Doktor,

gestern war mein Londoner Konzert. Ich habe gut gespielt. Der Saal war gesteckt voll. Ich war vorher so aufgeregt, dass ich mich an kein Stück erinnern konnte. Dann nahm ich Dein Mittel u., dem Himmel sei Dank, ich spielte ruhig u. ohne den kleinsten Gedächtnisfehler. Bin sehr glücklich. Am 6/XII fahre ich nach Holland, am 13. komme ich nach London, am 14. fahre ich ab Southampton mit der Empress of Britain. Wenn ich Dich noch am 13. sehen kann, werde ich glücklich sein. Dein Bild steht vor mir, und ich sah es gestern immer an, hoffte, dass ich mir daraus Ruhe hole. Aber ohne Pulver hat's nicht gewirkt.

Dein Cembalinchen

Bitte lasse mich nur ja wissen, wo ich dich am 13. finden kann.

Edinburgh, 10.11.35

Liebes Cembalinchen,

Tausend Dank für deine Zeilen. Erst jetzt, wo die Edinburgh-Vorlesungen fertig sind, kann ich wieder Correspondenz machen. Also ich bin, Gott sei Dank, am 13. in London. Komme am 12. abends an. Aber wie ich den Morgen des 13. verbringe, weiss ich nicht; ich probiere Orgeln. Telephoniere doch an Ashbys, Morgens. Nachmittags bin ich für Vortrag in Canterbury. Ab London Victoria 2^{10}; an Canterbury 3^{58}. Abends (Zeit unbestimmt) zurück nach London. Vielleicht fährst du mit nach Canterbury.

Jetzt Achtung: Am Donnerstag den 5. Dec. sehe ich auf der Durchfahrt nach Winchester die Orgel in All

Hallows-Kirche, von 11 ½ bis 12 ½. Komme an von Peterborough in London Kings Cross 10^{22} Morgens; fahre ab Waterloostation 3^{30} nach Winchester. Vielleicht triffst du mich lieber am 5. In der Bahn suche ich nun die Adresse für Amerika, konnte es bisher nicht, wegen Vorlesungen.

Hand zu müde weiterzuschreiben.

Dein alter A. Schweitzer
Auf Wiedersehen

Wie herrlich, dass dir das Mittel immer sicher hilft! Es ist wirklich wunderbar!

Permanente Adresse: Günsbach
Alsace 25.12.35

Liebes Cembalinchen,

Dein Brief an Weiss[57] ist nicht angekommen. Du musst eine blöde Adresse gebraucht haben. Frau Martin war abwesend. Und du hast den Leuten nur die Adresse für England, nicht auch die für Amerika gegeben. Also habe ich dir gleich bei meiner Ankunft 10 Stück [Allophagina] nach Amerika geschickt. Wenn du die gute Ankunft meldest, so dass wir sehen, dass die Adresse stimmt, bekommst du noch weitere gesandt. Immer auf allen Briefen genau und leserlich deine Adresse angeben, wohin eine Antwort gehen soll. Nicht dass ich in Wut gerate, wenn ich im Notizbuch suchen muss.

Eben habe ich an den Verleger Mr. Robert Schirmer[58], 3 East 43^{e} Street, New York geschrieben, ihm deinen Besuch angezeigt und ihn gebeten, dir so weit er kann, behilflich zu sein, als leistete er mir damit einen Dienst. Bitte ihn brieflich um ein rendez-vous, indem du beiliegende Karte beilegst, dass er weiss, von wem du kommst.

Viel zu müde, dir so zu schreiben; die anderen Empfehlungen stelle ich dieser Tage auf.

Viel Liebes und beste Wünsche für 1936

Dein alter Albert Schweitzer

Es gibt in New York einen Organisten Carl Weinrich,[59] 49 West 20th Street, der Bach-Concerte gibt und mir als Programme sendet. Suche ihn auf und grüsse ihn vor mir. Vielleicht kann er dir nützlich sein.

Die franz. Visitenkarte für Schirmer, die deutsche für den Organisten. Bitte sofortige Antwort nach Günsbach, dass ich weiss, ob die Adresse stimmt.

Prince George Hotel
Fifth Avenue & 28th Street
New York City, NY

New York
1. Januar 1936

Geliebter Doktor,

also: mein erstes Auftreten war ein richtig grosser Erfolg; mein Italienisches Konzert[60] schlug richtig ein wie eine Bombe. Ungefähr 10-12 neue Engagements bekam ich darauf, für die nächste Saison. Viele Organisten waren da und bewunderten meine Phrasierung. Da sagte ich, die danke ich dir! Ein Aufleuchten ging über alle Gesichter; jeder kennt Deine Bücher und liebt und verehrt Dich. Eines sehe ich schon; Geld werde ich auch hier nicht verdienen. Honorare elend, Entfernungen unvorstellbar; Reisen und Cembalo-Transport, sehr teuer. Was ich in Deutschland hatte, das wird nie mehr kommen. New York, die Stadt, furchtbar und grossartig. Grossartig, weil concentriert in einem einzigen Willen, dem der Zweckmässigkeit und Sachlichkeit, unbeirrt von jeder menschlichen Regung. Geschlossen und einheitlich, imposant und wahnsinnig in den Maassen.

Furchtbar, weil Gottes Hand fehlt. Was Menschenwille schaffen konnte, ist hier geschafft. Ich werde nie vergessen, als ich am ersten Tag meiner Ankunft auf das Empire Building stieg, 102 Stockwerke hoch – um einen Überblick über die Stadt zu bekommen; als es dunkel wurde und Sterne am Himmel herauskamen, war ich wie verwundert, dass doch auch hier derselbe Himmel über mir ist und auch Sterne da sind. So weit ab von Gottes Hand hab' ich hier alles gefühlt. Und plötzlich verstand ich Manches; die Orgeln, die schon nichts mehr mit Musik zu tun haben; Stokowski's[61] Orchestration von Bach! Alles messen sie an ihren Entfernungen und ihren Häuserblöcken.

Und doch, auch hier werden sie eines Tages verstehen, weil es eben ohne das auf die Dauer doch nicht geht. –

Armer geliebter Doktor, ich bin in's reden gekommen! Aber der Brief wird Dir doch vorgelesen, hoffe ich, so strengt er Deine Augen nicht an.

Pulver bekam ich leider nicht und habe nur mehr 1. Bin sehr unglücklich darüber. Bitte, bitte, wenn Du kannst, schicke mir postwendend an obige Adresse.

Ein glückliches 1936 für Dich, Deine Arbeit, und für die, die Du liebst!

Dein Cembalinchen

11. 2.36

Liebes Cembalinchen,

Was soll das? Du gabst mir als Adresse das Prince George Hotel 14 East 28th Street, New York City, und auf deinen Briefumschlägen steht andere Adresse des Hotels. Leider hast Du die Adresse nicht wiederholt, und ich hatte hier in Lausanne mein englisches Reise-Notizbuch, wo sie drin stand, nicht zur Hand. So komme ich erst heute dazu, Weiss den Auftrag zu geben, dir mal Allophagina[62] zu senden. Hoffentlich hat dein Vorrat gereicht, und es geht dir gut.

Viel zu müde, dir richtig zu schreiben.

Herzlich
Dein alter A. Schweitzer

Es freut mich, dass du so Erfolg hast.

14, Holland Park Road, W. 14
[13. April 1936]

Sehr geliebter Doktor,

jeder feiert seine Feste auf eigene Art. Mein Ostertag beginnt mit diesem Gruss an Dich. Ich bin seit wenigen Tagen wieder in England. Von Amerika fuhr ich direkt nach Schweden. Der künstlerische Erfolg war wirklich ausserordentlich gross. Verdient habe ich nichts; habe furchtbare Schulden. Da ich das so gar nicht gewöhnt bin, drückt es mich, und ich ertappe mich, dass ich selbst nachts, wenn ich erwache, sofort zu rechnen anfange. Ich hoffe, dass Amerika nächstes Jahr auch rentabel wird. Sonst hat es wirklich keinen Sinn. Mein Bach-Spiel hat die Leute sehr aufgeregt, und alle, die was verstehen, haben über die klare und ungewöhnliche Phrasierung gesprochen; worauf ich immer voll Stolz und Glück sagte, wem ich die danke. In Harvard ist man sehr unglücklich, dass Du abgelehnt hast zu kommen. Verschiedene Stellen bemühen sich, Dir eine grosse Tour, die viel Geld einbringen würde, zusammenzustellen. Prof. Davison,[63] der Dich sehr liebt, dachte an nicht zu lange Reisen, aber dass Du an verschiedenen Plätzen, vor allem Universitäten, verschiedene lectures gibst; Philosophie, Theologie, tropische Medicin und Orgel spielst. Also wundere Dich nicht, wenn eines Tages so ein Vorschlag kommt. Ich lege Dir Prof. Davison's Brief ein. –

Geliebter Doktor, darf ich auf einige Tage zu Dir nach Günsbach kommen? So um den 14. Juni herum? Ich muss am 19. in Bern sein. Ich sehne mich so sehr, in Deiner Nähe zu sein. Bach üben und Deine Nähe, das ist immer für mich wie an der Quelle sitzen, wo alles Drum und Dran von mir abfällt. Ich bin dann immer so glücklich, und das wirkt noch lange nach. Ich weiss ja gar nicht, ob Du diese Zeit in Günsbach sein wirst. Kenne ja Deine Pläne nicht.

Lasse es mich nur bitte bald wissen, weil ich wegen des Visas sehen muss. Im Augenblick übe ich 6-8 Stunden. Spiele am Radio 1., 2. und 4ten Teil der Klavier-Übung[64] und die 4 Duette.[65] Kann noch gar nichts.

Leb' wohl, geliebter Doktor, und verzeih, dass meine Osterfreude für Dich die Mühe, diesen Brief zu lesen, bedeutet.

Dein Cembalinchen

Gab mir grosse Mühe, <u>deutlich</u> zu schreiben.

15.4.36

Liebes Cembalinchen,

Tausend Dank für die lieben Zeilen.

Also Amerika war ein grosser künstlerischer Erfolg! Das ist schon etwas. Ich habe doch die Idee, dass du drüben auch materiellen haben wirst. – Und ich glaube, du hast viel zu viel Reklame für mich gemacht, das verdiene ich nicht.

Harvard habe ich schweren Herzens abgelehnt. Aber ... die Philosophie[66] muss fertig werden, dann kann ich ruhig sterben. Ich werde Davison lieb antworten. Vom 4. Juni bis etwa 14. bin ich in Strassburg und Günsbach. Wenn du kommst, bist du lieb aufgenommen. Wo ich nachher bin, weiss ich nicht.

Ich schreibe gleich, sonst komme ich vielleicht nicht dazu.

Alle Correspondenz lasse ich jetzt schleifen – ich will arbeiten.

Herzlichst
Dein alter Albert Schweitzer

Lausanne, 19.6.36

Liebes Cembalinchen,

Ich bin so froh, dass du in Günsbach Ruhe hast! Tausend Dank für die lieben Zeilen. Iss dich nicht krank an Kirschen. Schlafe dich nicht dumm. Und frag' nicht blöd. Ich habe dir nach England geschrieben, dass du in Günsbach bleibst, so lange du willst. Also soll es gehalten werden. du richtest dich ein, dass du mit deinem Zimmer so wenig Arbeit machst wie möglich. Und wenn Arbeit da ist, wo du mitanfassen kannst, tust du es ja. Also würde man deine Gegenwart an nichts anderem merken, als dass wir im Tag einige Salatblätter mehr brauchen. Ich freue mich, dich gegen den 12. Juli in Günsbach zu sehen.

Wer hätte das damals in Berlin[67] gedacht, dass wir einmal unter demselben Dach eine Heimat hätten? ...

Dein alter Albert Schweitzer

Günsbach, 2.9.36

Liebes Cembalinchen,

Tausend Dank für den langen Brief. Bach's Kunst der Fuge[68] 1) entweder für 2 Claviere oder 2) für Streichorchester mit Holzbläsern zur Herausarbeitung des Themas. –

An deine Kinder[69] habe ich lebhaft gedacht. – Aber wie gut, dass sie vorher losgingen, ehe das Unheil kam.

Mit lieben Gedanken. Zu müde, um so zu schreiben, wie ich möchte.

Dein alter Albert Schweitzer

14, Holland Park Road, W.14
1. Jänner 1937

Geliebter, verehrter Doktor,

das Jahr soll mit Dir beginnen, d.h. meine ersten Gedanken gehen zu Dir. Der Himmel beschütze Dich und Deine Arbeit. Ich weiss gar nichts von Dir! Nicht, ob Du noch in Europa bist oder schon auf dem Wege nach Lambarene.

Aber wo Du auch bist, oder wo ich auch bin, ich habe Dich in meinem Herzen so wie den Johann Sebastian.

Dein Cembalinchen

Alice Ehlers 10.5.37

Lambarene.

Briefe nach Günsbach richten

Liebes Schwesterchen Cembalo,

Es tut mir leid, dich in Bordeaux[70] nicht zu sehen. Ich hatte mich darauf gefreut.

Deine Zeilen vom 16.3. liegen vor mir – Es ist furchtbar dumpf und schwül hier auf dem Aequator. Das Wasser rinnt an mir hinunter, während ich dir schreibe. Ich denke viel an dich und bin froh, dass ich dich kenne, um all das Schwere, das du durchmachst, mit dir zu teilen. –

Und dass die Bachschen Linien sich dir jetzt so natürlich vor Augen stehen, ist schön. Ich bin eitel, dass ich dir etwas geben durfte –

Hier treibe ich in einem Strudel von Arbeit herum. Die Helfer sind tüchtig. Es herrscht ein feiner Geist im Spital. –

Ich darf keine Briefe schreiben. Dies ist nur ein lieber Gruss – und bleibe mutig.[71]

Auf Wiedersehen in Günsbach. Beste Grüsse an die Deinen.

Liebe Gedanken an dich.

Herzlichst
Dein Albert Schweitzer

London, W 14, 14 Holland Park Road
Jerusalem, den 25. Februar 1938

Sehr geliebter, verehrter Doktor,

Dein Geist ist um mich!

Ich spiele Deine Bach-Platten; sie sind wunderbar, und ich kann Dir nicht sagen, wieviel ich dabei lerne!

Immer und immer wieder spiele ich sie, und ich hoffe, dass ich nun so weit sein werde, um meine Tempi[72] gruendlichst zu revidieren. Erinnerst Du Dich, als Du in Edinburgh mein Tempi zu schnell fandest, versuchte ich sie von einem Tag auf den Anderen zu ändern, und alles wurde so lahm und elend, dass Du selber sagtest, ich soll es erst aendern, wenn ich viel Zeit habe und im Augenblick lieber so weiterspielen, wie ich es gewohnt bin. Du hast vollkommen Recht (wie immer): man, oder wenigstens ich, weil ich sehr unbeholfen im Nachmachen bin, muss ein Tempo erst erleben, bevor ich es wirklich spielen kann.

Heute ist „Schabbat“![73] Was das in Palästina bedeutet, kannst Du Dir kaum vorstellen; es ist ein absoluter Ruhetag in der juedischen Gemeinschaft, keine Wagen fahren, gekocht wird schon den Tag vorher, alles ist auf Feier eingestellt. Und ich feiere, indem ich als Erstes am Morgen Deine Platten spiele; das ist mein Gottesdienst.

Geliebter Doktor, ich habe so ewig lange nichts von Dir gehoert, was wirklich nur meine Schuld ist, denn ich habe mich nie gemeldet, und als ich in Strasbourg spielte (ich glaube, sehr gut) war ich nur einen Tag da und fuhr noch nachts nach dem Konzert weiter. Frau Martin war nicht da, zu Deiner Schwester konnte ich nicht, weil ich keine Zeit hatte; ich sah nur Dr. Minder, den Armen, der sehr beherrscht war und noch Muehe mit mir hatte, weil ich in einer ganz Gottverlassenen Periode war, wie in eine dunkle Ecke gejagt; aber sowas ist Dir fremd, und Du kannst es vielleicht gar nicht verstehen, weil Du ja Dein Licht in Dir trägst. Wenn ich aber auch so lange geschwiegen habe, ferne bin ich Dir nie, weil ich Dich so wie den mir heiligen Johann Sebastian in meinem Herzen trage.

Ich will Dir schnell bis'l erzaehlen! Seit Wochen bin ich hier. Hubermann,[74] der Palaestina ein herrliches Orchester geschenkt hat (wie oft habe ich ihm Deine Worte wiederholt, wenn er beim Zusammenbetteln des Geldes verzweifeln wollte), hat mich als Solistin mit seinem Orchester engagiert. Ich hatte sehr grossen Erfolg, und es wurden mehr und mehr Konzerte daraus. Ich habe eine wunderbare Zeit hier; meine Freunde, der Architekt Erich Mendelsohn,[75] hat mir seine Mühle, in der er lebt, wenn er hier im Lande ist, zur Verfuegung gestellt (er hat auch alle Deine Platten), und hier lebe ich bis zum 9. März; dann fahre ich direkt nach U.S.A, als Solistin mit dem Philadelphia Orchester zu spielen. Hoffentlich kommen noch Engagements dazu, damit ich zu meinem Kind[76] fahren kann, die in Los Angeles lebt. Sir Arthur Wauchope, bis zum 1. Maerz High Commissionaer, fragt immer nach Dir und sagte mir erst wieder gestern, er habe nur einen Wunsch, Dich wiederzusehen. Er leidet schwer, ich fühle das. Er liebt das Land leidenschaftlich, so wie auch ich es liebe, und zu sehen, wie es leidet und wirtschaftlich zurückgeht, muss ihn sehr schmerzen, denn er hat immer Alles getan, um dem Land zu helfen. Wo er jetzt gefehlt hat und ob, wie Du damals sagtest, Strenge beim ersten Anzeichen von Unruhen dem Lande viel Schweres erspart haette, das koennen nur Kluegere und erfahrenere Menschen, als ich es bin, beurteilen. Er fragte mich um Deine Meinung, und als ich ihm sagte, was Deine Meinung war, war er tief beeindruckt, konnte Dir aber nicht Recht geben. Scheinbar aber geben Dir die Geschehnisse Recht.

So, geliebter Doktor, verzeih mir, dass ich so lange zu Dir gesprochen habe. Aber erstens, wenn Du es auf die vielen Monate verteilst, in denen ich geschwiegen habe, so scheint es mir nicht zu unbescheiden, zweitens ist es mit Maschine (wenn auch nicht sehr gut) geschrieben und wird so Deine armen mueden geplagten Augen hoffentlich nicht zu sehr anstrengen, und drittens, bitte lobe mich, denn wenn ich mich nicht sehr beherrschen wuerde, koennte ich noch ganz lange weiterschreiben. Ach, liebster Doktor, wenn ich Dich nur bald wiedersehen kann. Ich bete darum! Gott schuetze Dich weiter, und komme uns nur bald gesund zuruck. Dann darf ich wieder nach Günsbach kommen, schon ganz würdig und ergraut, viel grauer als Du bist, auf meinem Haupte, aber viel weniger weise.

Dein Cembalinchen

II. Brief
Lambarene, 9.11.38

Liebes Cembalinchen,

Heute war ich so bös auf mich, weil ich zum 3. Male vergessen hatte, den im Sept. an dich geschriebenen Brief in den Brief an Rhena einzulegen, damit sie dir ihn zukommen lässt. Und gerade nun kommt dein neuer Brief, der mir deine Adresse gibt, dass ich dir direkt senden kann! Gib immer in deinen Briefen oben an: Daueradresse .... Gibst du nur Adressen, so weiss ich nicht, ist das die Adresse, wo du gerade bist oder die Daueradresse. Sieh, auch ich gebe immer Daueradresse an. Dies vereinfacht (für einen geplagten Menschen wie mich) die Sache sehr. –

Also, du zürnst mir nicht, dass ich dich so lange ohne Anwort [liess]. Mein Leben ist so schwer, dass man es gar nicht andern begreiflich machen kann. So muss ich auf Briefeschreiben verzichten, mehr, als ich möchte.

Denn jeder Brief geht auf Kosten von Zeit, die ich zum Schlafen brauchte und die schon sowieso zu kurz ist. Tausend Dank für das, was du mir über Rhena[77] sagst. Seit September geht es mir gut, obwohl ich in der Arbeit ertrinke. Ach, wieviel Sorge hast du um die Deinen ... Wie grausig geht es in der Welt zu. Ohnmächtig muss man zusehen, wie die Menschen, die nichts getan haben, ihren Peinigern ausgeliefert werden ...

Hier ein Bild, dass dir Freude machen wird. Diese Antilope hat bis zu 1 ½ Jahren ganz in meinem Zimmer gelebt, auf meinem Bett gelegen, war stubenrein, hat die Briefe auf meinem Schreibtisch gefressen, ist, während ich schrieb, auf den Schreibtisch gesprungen, wie es ihr gerade einfiel, und lebt nun in einem schönen Gehege mit einer anderen Antilope unter den Palmen vor meinem Zimmer.

Viel Liebes
Dein alter Albert Schweitzer

Wie schön, dass du so oft an Gunsbach und mich denkst. Auch ich vergesse dich nicht.

Original: Französisch[78]

Mrs. Alice Ehlers
University of Southern California

Lambarene, French Equatorial Africa
Via Matadi (Belgian Congo)
17. Februar 1942

Liebes Cembalinchen,

Ich höre von Professor Skillings,[79] dass Du Professor an der University of Southern California[80] bist und dass Du das Weihnachtsoratorium[81] zugunsten meines Spitals aufführen willst. Ich danke Dir dafür von ganzem

Herzen. Bitte danke auch Deinen Studenten in meinem Namen.

Ich bin so froh zu hören, dass Du eine feste Stellung hast. Ich habe Dir immer gesagt, dass Du in USA Erfolg haben würdest. Ich bin so gerührt über die Hilfe, die ich von Freunden in USA bekomme. Es ist zum grossen Teil ihnen zu danken, dass ich hier mit meinen Mitarbeitern existieren kann. Das Spital besteht weiter. Wir haben immer sehr viel Arbeit. Jetzt sind Dr. Goldschmid[82] und Frau Dr. Wildikann[83] und sechs Pflegerinnen bei mir. Du kennst Fräulein Emma.

Meine grosse Freude ist, wenn ich nicht zu müde bin, abends auf dem Klavier mit Orgelpedal zu üben. Im Augenblick beschäftige ich mich hauptsächlich mit den Orgelwerken von César Franck.[84] Ich denke sehr oft an Dich und bin glücklich, jetzt mit Dir wieder in Verbindung zu sein. Du hast zweifellos gehört, dass Rhena verheiratet ist. Sie hat zwei Kinder.[85] Ihr Mann beschäftigt sich mit Orgelbau und versucht, die Geheimnisse des Orgelbaus von Cavaillé-Coll[86] zu entdecken. Darum habe ich ihn vor Jahren in Paris kennengelernt. Er heisst Eckert.[87] Sie sind jetzt in Lyon mit ihren beiden Kindern.

Dass meine Frau es geschafft hat, hierher zu kommen, hast Du wahrscheinlich gehört. Ich hoffe, dass es Dir gut geht. Denke immer daran, gut zu phrasieren, wenn Du spielst. Meine Frau lässt Dich schön grüssen.

Viel Liebes
Dein alter Albert Schweitzer

Gib mir Deine genaue feste Adresse, damit ich Dir direkt schreiben kann.

Original: Französisch

Mrs. Alice Ehlers
1132 ½ Larrabee Street
Hollywood, California,
USA

Lambarene,
French Equatorial Africa
Via Matadi (Belgian Congo)
30. November 1942

Liebes Cembalinchen,

Dank für Deinen Brief vom 25. August, über den ich mich sehr gefreut habe. Ich bin glücklich, Dir endlich direkt schreiben zu können. Ich bin gerührt über alles, was Du für mich tust. Ich habe an Fräulein Elli Heimann geschrieben, die mit Dir den Pacific Branch of the Albert Schweitzer Fellowship gründen will. Ich bin glücklich, von Deinen Unterrichtserfolgen zu hören. Du kannst Dir nicht vorstellen, wie ich mich freue zu sehen, was für gute Erfolge Du hast. Ich weiss, wie sehr Du Dich anstrengen musst. Wenn Du Bruno Walter[88] schreibst, grüsse ihn herzlich von mir. Erinnert er sich noch an die Aufführung eines seiner Werke in Strassburg zur Zeit von Pfitzner?[89] Sag ihm, ich freue mich, dass er mein Buch über Bach schätzt. Ich wusste nicht, dass er in USA ist.

Ich habe Sir Arthur Wauchope nicht vergessen. Auch ich vergesse die Stunde nicht, die ich mit ihm verbrachte. Ich erinnere mich so gut an all das. Grüsse ihn herzlich von mir. Grüsse auch Herrn Hunter[90] von mir. Ich freue mich, dass Du ihn kennengelernt hast. Ich denke oft an ihn. Wann werde ich einmal das Glück haben, meine Freunde in USA kennenzulernen? Solange der Krieg dauert, muss ich hier bleiben. Das Spital kann ohne mich nicht auskommen. Und wenn der Frieden kommt, werde ich mich zuerst lange in der Einsamkeit ausruhen müssen, bevor ich irgend etwas unternehmen kann, denn die langen Jahre dieser Arbeit und in diesem Klima haben mich sehr mitgenommen. Trotz der

Müdigkeit übe ich immer abends Orgelwerke auf dem Klavier mit Orgelpedal, und es ist eine Freude für mich, alle Werke wiederaufzunehmen und zu versuchen, sie besser zu spielen.

Und ich frage mich, wie es sein wird, wenn ich wieder an einer Orgel sitzen und dann auf Tour gehen werde, um Orgelkonzerte zu geben. Ja, ich freue mich über Deinen „griechischen Knoten".[91] Ich erinnere mich gut an das, was ich Dir darüber gesagt habe. Beste Grüsse an Dr. Krone.[92] Wann werde ich Los Angeles sehen? Meine Frau lässt Dich herzlich grüssen, Frl. Emma desgleichen. Frau Martin und Frl. Mathilde[93] sind im Haus in Günsbach. Aber ich habe keine Nachrichten von ihnen.

Auf Wiedersehen, mein liebes Cembalinchen.

Viel Liebes
Dein alter Albert Schweitzer

Wenn Du mir eine amerikanische Musikzeitschrift, nachdem Du sie gelesen hast, jeden Monat schicken könntest, würdest Du mir eine Freude machen. Ich wüsste gern, was es bei Euch an Musik gibt.

Original: Französisch 5. Dezember 1942

Liebe Freundin:

Ich war so froh, Nachricht von Ihnen zu bekommen – und so gute! Vielen Dank! Ich bin sehr traurig, Ihnen nicht das erbetene Material[94] für Ihre Vorträge senden zu können – meine waren alle für Lichtbildvorträge geplant, und alles ist im Elsass geblieben, Texte und Illustrationen. Übrigens müsste alles neu gemacht werden, denn es hat sich so viel verändert. Und wahrscheinlich sind inzwischen Ihre Vorträge schon dreimal fertig geworden, mit Hilfe von Büchern – und das war das Beste, was Sie tun konnten.

Ich verstehe so gut, was Sie über das Altern sagen; ich empfand es wie Sie bis vor kurzer Zeit. Aber jetzt fühle ich mich älter und alt – ist das der Einfluss unserer traurigen Zeit oder des hiesigen Klimas??? Die letzten Nachrichten von Rhena sind vom Juli und waren verhältnismässig gut (ausser dass sie seit drei Jahren nie satt zu essen hatten), aber jetzt ist's Winter, und durch die neusten Ereignisse sind sie wahrscheinlich von ihren Freunden völlig abgeschnitten. Sie verstehen meine Sorge. Was für ein Glück, dass die Ihrigen in Ländern sind, wo Sie mit ihnen in Kontakt[95] bleiben können.

Meine allerbesten Wünsche für Sie und für die Ihren. Frohes Fest, und möge das Neue Jahr uns den Frieden zurückbringen!

Mit herzlichen Grüssen
Ihre Helene Schweitzer

Original: Französisch [1943]

Liebe Freundin,

ich würde Ihnen gerne wieder länger schreiben, aber ach, der arme Doktor hat eine so grosse Korrespondenz, die ich übersetzen und auf der Maschine tippen muss, dass all meine Zeit damit vergeht – besonders da man bei dieser entsetzlichen Hitze nicht schnell arbeiten kann.

Ich hoffe, dass es Ihnen weiter gut geht und sende Ihnen sehr herzliche Grüsse

Ihre Helene Schweitzer

Rhenas Adresse[96] ist
Mme A.J. Eckert, „Haldenegg“, Maennedorf, Ct.[97]
Zürich, Suisse
Gehen Briefe von Ihnen aus nach der Schweiz durch?

Original: Englisch

Alice Ehlers
1132 ½ Larrabee Street
Hollywood, California
18. Februar 1943

Mein geliebter Doktor:

Du hattest recht, mir böse zu sein, weil ich nicht öfter schreibe. Ich weiss nicht, was es ist, – aber es scheint, ich habe nie Zeit und die notwendige Ruhe, die ich für einen Brief an Dich brauche. Aber ich höre nie auf, für Dich zu arbeiten, und ich weiss, dass Du dies Worten vorziehst.

Zunächst einmal: wir haben eine Schweitzer „fellowship“[98] an der Westküste gegründet. Ich bin im Vorstand. Wir haben schon $ 300 oder mehr eingenommen. An der Universität führten wir das Weihnachtsoratorium zu Deinen Gunsten auf. Alle meine Studenten haben wieder als Solisten mitgewirkt. Die Rednerin war Dein Cembalinchen; ich muss viel von meiner Bewunderung und Liebe für Dich in meinen Vortrag gelegt haben, denn wir hatten weniger Leute und bekamen mehr Geld. Kapitän Hancock[99] – sehr alt, sehr reiche Familie –, der das Orchester bezahlte, liess die ganze Aufführung für Dich einspielen. Ich wünschte, er hätte mir den Betrag, den die Schallplattenaufnahme gekostet hat, für Dich gegeben. Er ist ein reicher Ölmann, und sein Hobby ist das Cello; das einzige, was er nicht kaufen konnte, ist musikalisches Talent. Es ist sehr rührend, ihn jeden Tag drei Stunden üben zu sehen. Er hat der Universität ein sehr hübsches Gebäude mit Forschungseinrichtungen und einem für Kammermusik erstklassigen Auditorium geschenkt. Ich glaube, es wäre eine gute Idee, wenn Du ihm ein paar Zeilen schriebest statt mir zu schreiben – Du siehst, ich bin im Begriff, mich zu einer Heiligen zu entwickeln, indem ich einen Brief an mich, der mich immer so beglückt, opfere: Captain Allan Hancock, University of Southern California, Los Angeles, Calif. – Ich habe ihm Dein Buch gegeben, und es hat ihm sehr gefallen. Ich sehe uns in Günsbach sitzen und die Platten hören; Du siehst mich an und sagst: „Cembalinchen, was für einen Unsinn Du geredet hast" – macht nichts; die Rede hat allen gefallen, und das Resultat war gut.

Ende dieses Monats werde ich in den Claremont Colleges für Dich spielen. Der Geistliche dort ist Dr. Hume;[100] ich lernte seine Eltern in Günsbach kennen, erinnerst Du Dich? Sehr nette Leute, aber sie redeten viel und haben Dich sehr ermüdet. Er und die Musikleute und die Missionarsschule in Claremont haben versprochen, das Konzert gut vorzubereiten, und ich hoffe, $ 200 zu verdienen. Du siehst, geliebter Doktor, mein Traum hat sich erfüllt: jetzt kann ich meine Liebe in praktischer Weise ausdrücken. Jede Woche bekomme ich irgendeinen Scheck, selbst wenn es nur ein kleiner ist.

Gestern hat der Verein der Musiklehrer mir einen gegeben; ich war ihre Sprecherin bei ihrem alljährlichen Lunch (meine Rechtschreibung ist schrecklich, ich weiss. Liebe Frau Schweitzer, ich weiss, Sie müssen den Brief lesen und übersetzen; bitte verzeihen Sie mir. Ich habe keinen Sinn für Rechtschreibung, nicht einmal im Deutschen.)

Die oder meine Mitarbeiter wissen nicht recht, wie man Geld sammelt. Die medizinische Hilfe funktioniert überhaupt nicht; damit meine ich, dass wir drei im Vorstand sind: Professor Muelder[101] – Abteilung für

Religion – und ein Arzt, der mir von Allan Hunter empfohlen worden war, der aber bis jetzt nichts getan hat. Ich werde jetzt ein Komité haben und alle Namen auf unserem Briefpapier drucken lassen. Ich habe herausgefunden, „nicht LIEBE, sondern EITELKEIT[102] ist die Groessete unter ihnen"; so werde ich demgemäss handeln. Ich habe Thomas Mann[103] im Komité. Ich hoffe, dass er eines Tages eine Rede über Dich halten wird. Er hat hier einen grossen Namen und sollte imstande sein, eine Menge Zuhörer zu gewinnen. –

Neulich hörte ich Weinrich. Sein Spiel gefiel mir sehr gut; die Bach-Sonate, ich glaube in C-dur, die mit dem wundervollen Mittelsatz, den Casals auf eine Platte gespielt hat, hat er ein biss'l zu schnell genommen, aber klar, rein, gut phrasiert. Er ist auch ein sehr angenehmer Mensch und ein ausgezeichneter Musiker. Er wird nach dem Krieg nach Europa gehen, sowie Du in Günsbach oder sonstwo in Europa bist. Er hat einige Stücke NONLEGATO gespielt. Ich glaube, es war Clérambault.[104] Und ich dachte immer, Non-Legato klingt nicht gut auf der Orgel; aber es klang sehr gut.

Man hat mir gerade gesagt, dass jemand Deine Bach-Ästhetik in einer englischen Musikzeitschrift angegriffen hat. Ich werde den Artikel lesen und dem Autor wahrscheinlich antworten, wenn ich das Gefühl habe, dass ich es kann. Es wird ein paar Tage dauern, bis ich gehen kann: ich bin gefallen und habe mir den Fuss verletzt, und nun muss ich warten, bis ich wieder laufen kann.

Ich unterrichte immer noch an der Universität, aber niemand weiss, wie lange wir noch Studenten haben werden. Ich bin sicher, dass ich nach dem Krieg eine gute Stellung bekommen werde. Ich liebe meine Arbeit und habe grossen Erfolg mit meinen Klassen.

Hörst Du von Rena? Ich wünschte, sie wäre in die U.S.A gekommen. Ich hatte durch Herrn Drinker[105] ein

Affidavit für sie vorbereitet; aber sie schrieb an Prof. Skillings, dass sie bleiben will. Ich habe gehört, dass Dein Neffe Jean Jaque im Osten angekommen ist.

Herr Drinker hat die Texte aller Bach-Kantaten und der Matthaus-Passion ins Englische übersetzt; das Material ist auf seine Kosten gedruckt worden und wird an alle Colleges und Schulen ausgeliehen; das ist sehr gut und hilft, Bach in diesem Lande bekannter zu machen.

So, mein geliebter Doktor, das war ein schöner Tratsch-Brief. Wenn Du mir Nachricht über Lambarene und Dich selbst geben könntest: ich brauche neueres Material für meine verschiedenen Vorträge. Wenn ich gewusst hätte, dass ich je über Dich und Deine Arbeit sprechen würde, hätte ich alles aufgeschrieben, was mir von Dir und Deinen Mitarbeitern erzählt worden ist. Ich muss jetzt aufhören. All meine Liebe und besten Wünsche; möge Gott Dich segnen.

Dein Cembalinchen

Igor Stravinsky[106] sendet beste Grüsse. Er wird ebenfalls im Komité sein. Es geht ihm gut; er macht einen guten Eindruck.

Original: Englisch

25. Mai 1943
Hollywood, Los Angeles 46, 1132 ½ Larrabee Street,
California

Mein geliebter Doktor,

ich habe gerade Deinen sehr lieben Brief vom 30/11, 1942, bekommen. Vielen Dank Dir und Deiner Frau. Ich hätte Dir schon längst schreiben sollen, aber irgendwie bin ich so beschäftigt, und wenn ich meine Arbeit beendet habe, so müde (ich schäme mich, dies Dir zu sagen, der Du so schwer arbeitest), dass ich nie die Energie und den Mut aufbringe, Dir zu schreiben. Und dabei wollte ich Dir so vieles sagen. Vor allem hoffe ich, dass Du den Brief bekommen hast, in dem ich Dir über mein bevorstehendes Wohltätigkeitskonzert für „A.S.F.“[107] in Claremont schrieb. Nun, das Konzert ist vorüber, und es war ein wundervolles Erlebnis. Das Konzert war von dem Pastor der Kirche, Dr. Hume Jun., dem Sohn von dem, den ich in Günsbach kennengelernt hatte, und dem Direktor der School of Religion, Dr. Meland,[108] so gut vorbereitet, dass die ganze Gemeinde mitwirkte; es war fast ein „Albert Schweitzer Festival“.

Ich sprach zu verschiedenen Gruppen über meinen persönlichen Kontakt mit Dir und so weiter und so weiter. Das Konzert kam, und in der Pause wurde mitgeteilt, wieviel wir für Dich verdient haben: $ 600. Ich war begeistert und spielte das darauffolgende Konzert von Haydn in gehobener Stimmung. Es tut mir leid zu sagen, dass ich wegen des Schecks so glücklich war, und mein Spiel zeigte es. Jedenfalls war der Erfolg gross, und am nächsten Tag hatte ich einen Telefonanruf von Claremont mit der Mitteilung, dass es $ 825 waren; viele Leute waren so entzückt von dem Konzert, dass sie am nächsten Tag zurückkamen und ihre Billetts doppelt bezahlten; ich war begeistert. Geliebter Doktor, bitte schreibe ein paar Zeilen an einige meiner Helfer; ich gebe Dir die Namen weiter unten in meinem Brief. Dr. Meland ist der erste, der über Dich so spricht, wie es mir gefällt: mit dem grössten Verständnis und der grössten Bewunderung, aber ohne jede Sentimentalität. Hunter ist sehr sentimental. Melands Rede in der Kirche von Claremont war ausgezeichnet; er hat mir versprochen, mir eine Abschrift seiner Rede über Dich zu geben. Nur – die ganze Angelegenheit war wie ein Begräbnis – Mädchen wie Chorjungen gekleidet, jedes mit einer Kerze in der Hand, schrittweise von beiden Seiten kommend, in vollkommener Anordnung. Und ich dachte an Dich, und wie wir beide Münsterkäse, Wein und ein gutes Gelächter lieben, und ich fühlte mich sehr versucht, einen derben Witz zu erzählen, was ich natürlich nicht tat und nicht hätte tun können, weil ich kein Talent dazu habe. Aber all die Feierlichkeit löste dieses Gefühl aus. Doch sie gefiel allen sehr, und jedes bisschen half, Deinen Namen immer mehr bekannt zu machen. Und das ist's, was für mich wichtig ist. Ich glaube, ich habe mit diesem einen Konzert mehr als mit vielen anderen Sammlungen zusammen eingenommen. Und ich fahre fort damit: zum Beispiel bin ich eingeladen worden, die Aufführung von Figaros Hochzeit, die ich vor ein paar Wochen an unserer Universität[109] veranstaltete, zu wiederholen; eine sehr reiche „sorority" hat mich eingeladen. Ich sagte zu, bat aber, eine Sammlung für Dich machen zu dürfen, und sie waren einverstanden. Ich weiss nicht, wieviel das einbringen wird, aber jedes bisschen hilft. Du kannst Dir nicht vorstellen, wie glücklich ich bin, endlich von einigem Nutzen für Dich zu sein. Ich bete zu Gott, dass es Dir weiter gut geht und dass wir einmal wieder ein Zusammensein in Günsbach geniessen können. Jetzt werde ich also eine von den alten Damen sein, die das

Haus und den Garten in Günsbach füllten und uns alle langweilten, Dich eingeschlossen.

Meine Arbeit an der Universität macht mir sehr viel Freude. Ich habe immer sehr gern unterrichtet, und ich werde in der Übung bleiben, denn ich habe so viele pädagogische Sendungen für die Universität und so viele Konzerte im Rundfunk zu spielen, dass ich nicht aus der Übung kommen kann. Diese Sendungen werden über den ganzen Kontinent ausgestrahlt.

Landowska,[110] die hier ist und einen äusserst geschickten Manager und alles Nötige für einen grossen materiellen Erfolg hat, bekommt die hochbezahlten Engagements. Aber ich bin vollkommen zufrieden. Ich habe genug, um bescheiden zu leben. Nach dem Krieg hoffe ich, ordentlicher Professor zu werden, was viel besser bezahlt wird. Dann werde ich für mein Alter und für Krankheit sparen können. Bisher habe ich nichts und kann nur hoffen, dass der liebe Gott, der mein Leben lang gut zu mir gewesen ist, es weiter gut mit mir meint.

Jetzt muss ich Auto fahren lernen und ein Auto kaufen. Ich verbringe drei Stunden jeden Tag auf dem Weg zur Universität, und ich kann es mir nicht leisten, so viel Zeit und Energie zu vergeuden. Bis jetzt hat ein Kollege mich im Auto mitgenommen; aber er ist in die Armee eingetreten.

Diesen Sommer habe ich 60 Vorlesungen, jeden Tag eine; zuerst 30 über die Musik des 18. Jahrhunderts; dann 30 über J.S. Bach: ich plane, die meiste Cembalo- und Kammermusik selbst zu spielen. Für die Orgel haben wir Deine Platten. Aber wir haben keine Kantaten auf Platten; daher werde ich versuchen, sie im Unterricht zu spielen. Wir haben die Noten, und ich werde sie aus dem Klavierauszug spielen. Ich hasse es, über Musik zu reden; ich muss sie erst spielen; learning by doing ist mein Prinzip. Schliesslich bin ich in erster Linie Musikerin und in keiner Weise eine Gelehrte oder

Forscherin. Im letzten Sommer glaubte ich, ich würde nie imstande sein, überhaupt Kollegs zu lesen; aber es ging dann doch und war sehr erfolgreich. Wahrscheinlich machte die Tatsache, dass ich Musikerin bin, die Vorlesungen lebendiger. Wusste ich doch, worüber ich sprach.

Ich habe gerade einen Brief von Edouard Nies-Berger[111] bekommen, der schreibt, dass er ein persönlicher Freund und Landsmann von Dir ist, und er gratuliert mir zu meinem grossen finanziellen Erfolg. Es stand in einer der Musikzeitschriften. Ich kenne ihn nicht; er lebt in New York City.

Du wirst jeden Monat das American Music Magazine bekommen; ich wünschte, ich wäre selbst auf den Gedanken gekommen, und das vor Jahren.

Habe ich Dir über die Arbeit geschrieben, die Herr Drinker geleistet hat, indem er alle Texte der Vokalmusik von Bach ins Englische übersetzt hat? Er hat alle Stimmen vielfach kopieren lassen, und jedes College, jede Universität, jede Privatperson kann diese Kopien für wenig Geld bekommen, $ 2,50. Ich glaube, für Aufführungen und Studium werden sie ausgeliehen, und man muss sie nach der Aufführung zurückschicken. Ich finde, dass er etwas Grossartiges getan hat, und es hilft, Bach immer bekannter zu machen.

Ich war auf einer kleinen Konzerttour, spielte an der Universität Stanford – sie sind noch nicht bereit für Dich, aber ich hoffe, das nächste Mal – an den Universitäten Berkeley und in San Francisco. Ich sage Dir, Doktor, dies ist ein grossartiges Land: es hat lange gedauert, bis ich mich hier glücklich gefühlt habe, fast vier Jahre. Die europäische Kultur und Tradition fehlten mir so; ich hätte nie gedacht, dass mir diese Dinge fehlen könnten; aber jetzt, wo ich in näherem Kontakt mit der akademischen Welt und mit der amerikanischen Jugend und mit Studenten bin, liebe ich sie; sie haben alle die Vorzüge und auch all die Unarten junger Leute. Sie sind hochbegabt, aber sie nehmen alles zu leicht: alles ist nur „Vergnügen", auch in der Musik. Ich lehre sie etwas anderes; ich versuche, sie dazu zu bringen, dass sie das Dazwischen und das Dahinter sehen und dass technische Fertigkeit nicht die Hauptsache ist. Technik sollte immer einem höheren Ziel dienen. Sie vertrauen mir jetzt, und Schritt für Schritt werden sie verstehen. Alles ist zu leicht für sie; ein reiches Land und reiche Menschen: sie wissen nicht, was wir in Europa gesehen und durchgemacht haben. „Respekt", das kennen sie nicht; ich meine den tiefen Respekt. Das hat auch etwas damit zu tun, dass hier ein Mann in der höchsten Stellung ausgelacht würde, wenn er ein Bürokrat wäre, was in Deutscland und Österreich, schon weniger in England, so geschätzt wird.

Armer lieber Doktor, Du siehst, was für ein Segen es ist, dass ich nicht öfter schreibe; wenn ich einmal anfange, mit Dir zu reden, höre ich nie auf. Aber jetzt will ich doch aufhören. Ich werde alle Leute, die Du in Deinem Brief erwähnt hast, von Dir grüssen. Arthur Wauchope schreibt mir von Zeit zu Zeit. Er scheint sehr zu altern; er ist in Deinem Alter, aber irgendwie erwarte ich, dass Du immer derselbe bleibst. Gott segne Dich, geliebter Doktor.

Dein Cembalinchen

Adressen und Namen:	2	Dr. E. Wilson Lyon Präsident von Pomona College Claremont, California
	1	Mr. Kenneth Fiske Pomona College
	1	Dr. B.E. Meland Professor of Religion Pomona College

2 Mrs. J.P. Wood
Claremont, Calif.
(sie ist die Frau eines Richters und verkaufte einige 100-Dollar-Billetts)

2 Mrs. Phil Ordway, dasselbe

3 Miss E. Crispen

3 Miss Peggy Smith

(Studentinnen, die mir sehr mit dem Verkauf von Billetts geholfen haben).

Die Nummern zeigen den Grad der Wichtigkeit, damit Du weisst, ob Du mehr oder weniger schreiben musst. Ich danke Frau Schweitzer sehr für ihren Brief. Ich denke sehr oft an Rhena. Da ist nichts, was wir tun können, ausser zu hoffen. Das ist manchmal nicht leicht. Beste Grüsse an Frl. Emma. Ich habe einen Namen vergessen: Rev. Theodor Hume, c.o. seinem Vater.

Liebes, viel Liebes!

Du kannst alle Briefe an dieselbe Adresse senden – Pomona College.

Ich habe Weinrich spielen hören; sein Spiel hat mir sehr gut gefallen. Er kommt nächsten Januar zurück, und wir arrangieren ein zweitägiges Festival für die Alb. Schw. F.; ein Abend wird seinem Programm gewidmet sein, der nächste meinem. Er ist ein feiner Mensch, und wir waren einander sehr sympathisch. Könnte ich eine Art Brief haben, von dem ich Abzüge machen lassen könnte, um sie an Leute zu versenden, die Deiner Sache helfen? Wenn ich ihnen einiges aus Deinem Brief erzählen könnte, würden sie sich schrecklich freuen.

Ich arbeite eben an der cis-moll-Fuge [5] Wohlt. Klavier 1.[112] Sehr schwer. Hätte Dich sehr notwendig dabei!

„Liebes Cembalinchen ...“

„Liebes Cembalinchen ...“

Albert Schweitzer – Alice Ehlers

Eine Freundschaft in Briefen

Herausgegeben von Alice R. und Kurt Bergel

PHILO

Umschlaggestaltung: Gunter Rambow, Frankfurt/Main
Druck und Bindung: Nexus Druck GmbH, Frankfurt/Main
Printed in Germany
ISBN 3-8257-0041-0

Original: Französisch

Mrs. Alice Ehlers
1132 ½ Larrabee Street
Hollywood,
California

Lambarene, French
Equatorial Africa
Via Belgian Congo
29. Mai 1943

Liebes Cembalinchen,

Dein Brief vom 18.2.43 ist schon angekommen. Vielen Dank für all die Nachrichten, die Du mir gegeben hast. Also die Pacific Branch der Fellowhip ist gegründet worden, und das ist Dir zu danken. Wie voller Geheimnisse ist doch das Leben! Wer hätte gedacht, als Du mit dem Cellisten zu Johanna Engel[113] kamst, dass Du mir eines Tages helfen würdest, mein Spital in Lambarene zu erhalten!

Die arme Jo Engel hat sich mit Leuchtgas das Leben genommen. Frau Jacobi[114] hat ihre Stadt verlassen müssen; man weiss nicht, wo sie ist. Ich denke an sie beide in grosser Traurigkeit.

Du hältst also Vorträge über mich, und Du zeichnest ein sehr schmeichelhaftes Porträt von mir. Ich schreibe dieser Tage an die Mitglieder des Komitees, Prof. Walter Muelder und Dr. Sydney Lassell. Ich schicke dieser Tage auch eine grosse Bestellung von Medikamenten an Dr. Hume, und ein Teil davon wird mit dem bezahlt, was Du für mein Spital verdient hast. Ich denke, dass Du meinen Brief bekommen hast, in dem ich Dich bitte, meinen Dank den Organisatoren und Künstlern des Bach-Festivals[115] in Los Angeles auszusprechen, das eine so grosse Summe für mein Spital eingebracht hat. Und Ihr habt in der Universität das Weihnachtsoratorium aufgeführt! Übermittle meinen Dank allen Teilnehmern.

Ich habe in letzter Zeit so grosse Ausgaben gehabt. Eine Schweizer Krankenschwester muss in die Schweiz zurückkehren (nachdem sie fünf Jahre hier gewesen ist). Um sie zu ersetzen, lasse ich eine andere Krankenschwester aus der Schweiz kommen (über Lissabon). Diese Schiffsreisen sind sehr teuer. Doktor Goldschmid ist müde. Er muss mindestens vier Monate in Südafrika zubringen. Dies bedeutet auch eine grosse Ausgabe. Ohne die Hilfe, die ich von Euch allen bekomme, könnte ich diese Summen nicht aufbringen. Ich schreibe dem Captain Hancocc [sic!]. Ich lege ein Wort an Dr. Hume am Claremont College bei.

Ich verstehe nicht, dass Du Dir einbildest, man müsse mir die englischen Briefe übersetzen. Ich kann sie sehr gut lesen.

Mach Dir keine Sorgen, weil man meine Ideen über Bach angreift.

Ich bin so glücklich, dass Du Dir eine gute Stellung verschafft hast.

Meine Tochter ist jetzt mit ihrem Mann und ihren Kindern in der Schweiz (seit Weihnachten 42). Er soll Orgeln im Cavaillé-Coll-Stil für eine grosse Orgelbaufirma in der Schweiz bauen.

Viele Grüsse an Igor Stravinsky. Ich denke oft an den Abend, den ich mit ihm in Strassburg bei den Wolfs verbracht habe. Einer der Familie Wolf ist gestorben.

Viele Grüsse an Thomas Mann.

Jetzt beginnt die trockene Jahreszeit, wo es drei Monate lang weniger heiss ist. Glaube immer an das gute Herz der Menschen, nicht an ihre Eitelkeit. Meine Frau und Fräulein Emma lassen Dich sehr grüssen. Vielen Dank für alles.

Dein Dir ergebener A. Schweitzer

[An den Rand geschrieben:]

Sende den beiliegenden Brief an Dr. Hume, Claremont. Viele liebe Gedanken und beste Wünsche und Dank! Was für eine Erleichterung zu wissen, dass die

Kinder in der Schweiz sind – Hier beginnt die trockene Jahreszeit. Ihre H. [Helene]

Original: Französisch

Mrs. Alice Ehlers
1132 ½ Larrabee Street
Hollywood,
California

Lambarene, French
Equatorial Africa
Via Belgian Congo
24. Oktober 1943

Liebes Cembalinchen,

ich hoffe, dass Du meine Antwort auf Deinen Brief vom 18.2.43 bekommen hast. Jetzt beantworte ich Deinen Brief vom 25.6.43. Es ist zehn Uhr abends. Ich komme gerade vom Spital herauf, wo ich noch einige Operierte besucht habe. Seit Juni habe ich enorm zu tun. Dr. Goldschmid ist seit Juni in den Ferien, um sich in einem gemässigteren Klima, mehr im Süden, zu erholen. So ruht die ganze Arbeit auf mir, mit Hilfe von Frau Doktor Wildikann. Das bedeutet, dass ich von morgens bis abends im Spital bin. Ich muss alle Operationen machen. Zwei oder drei Vormittage in der Woche verbringe ich am Operationstisch. Es ist, als ob die alte Zeit zurückgekehrt wäre, wo ich mein Spital ganz allein leitete. Natürlich bin ich abends sehr müde und gehe gleich nach dem Abendbrot schlafen. Auf meinem Tisch ist ein Chaos von Briefen, die eine Antwort erwarten. Ich hoffe, dass Dr. Goldschmid bald wiederkommen wird. Dann werde ich wieder ein normaleres Leben führen. Aber ich habe diese grosse Ermüdung sehr gut durchgehalten.

Meine Frau ist für einige Wochen verreist. Im Moment ist sie am Meer. Meine Tochter und ihre Familie sind, wie ich Dir schon geschrieben habe, endgültig in der Schweiz. Mein Schwiegersohn hat eine sehr interessante Stellung in der grössten Orgelfabrik der Schweiz. Sie haben grosse Aufträge, und er baut gemäss meinen Ideen, für die er sich schon lange, bevor er mich kannte, ausgesprochen hatte. Er ist der beste Kenner der Orgelbautechnik von Cavaillé-Coll.

Fräulein Emma arbeitet immer noch sehr viel. Im Juli ist eine Pflegerin aus der Schweiz gekommen, Fräulein Koch,[116] die schon zweimal in meinem Spital gearbeitet hat. Sie ersetzt eine Krankenschwester, die nach vier Jahren Arbeit hier in die Schweiz zurückgekehrt ist.

Ich bin so froh, durch Deinen Brief zu wissen, dass Du eine Stellung hast, die Dir interessante Arbeit erlaubt und Dir die nötigen Mittel zum Leben verschafft.

Original: Französisch

Mrs. Alice Ehlers
1132 ½ Larrabee Street
Hollywood,
California

Lambarene, French
Equatorial Africa
Via Belgian Congo

Ich bin gerührt über alles, was Du für mein Spital tust. Was für ein künstlerischer und materieller Erfolg das Konzert in Claremont! Ich danke Dir für die Adressen all derer, die zu diesem Erfolg beigetragen haben, und schreibe ihnen, sobald ich durch die Rückkunft Dr. Goldschmids entlastet sein werde. Dann werde ich wieder während eines Teils der Nacht an meinem Tisch sitzen können.

Ich habe eine Abschrift von Dr. Drinkers[117] Übersetzungen der Bach-Texte bekommen und habe ihm schon mehrere Briefe geschrieben. Seine Arbeit ist von grosser Bedeutung für die Kenntnis von Bach. Was Du mir über Weinrich schreibst, interessiert mich sehr. Ich bin gerührt, dass auch er seine Kunst in den Dienst meines Spitals stellen will, wenn ich einen Abschnitt in Deinem Brief richtig verstehe.

Wie oft wünschte ich, dass Du die Wohltaten sehen könntest, die ich meinen Kranken angedeihen lassen kann durch die Mittel, die Du und die anderen mir zur Verfügung gestellt haben! Ich habe 3000 Kilo Reis für sie gekauft! Alle Operierten schlafen unter Moskitonetzen! (Ein Moskitonetz kostet mehr als 150 frs.!) Ich habe Decken für sie gekauft und auch Kochtöpfe, damit sie ihre Mahlzeiten kochen können. Einem armen Mann, der heute das Spital verlassen hat, habe ich erlaubt, sein Moskitonetz mitzunehmen. Alle Kranken bekommen täglich Reissuppe. Dank Euch kann ich meine Mitarbeiter in die Ferien schicken, damit sie sich in einem besseren Klima erholen können. Ich selbst, dank meiner guten Gesundheit, habe keine Ferien nötig.

Der Vater von Herrn Nies-Berger war Organist und Chordirigent der Reformierten Kirche in Strassburg. Er hatte grosses Talent.

Das ist nun ein langer Brief. Ich werde Dir nicht viele so lange schreiben.

Schreibe mir, um mich auf dem laufenden zu halten über das, was Du tust. Erinnerst Du Dich noch an unser Treffen am Bahnhof in Dover? Wann werden wir uns wiedersehen? Fräulein Emma sendet Dir herzliche Grüsse.

Mit meinen liebevollen Gedanken,

Dein Dir ergebener Albert Schweitzer

Original: Französisch

Mrs. Alice Ehlers
1132 ½ Larrabee Street
Hollywood,
California

Lambarene, French
Equatorial Africa
Via Belgian Congo
5. März 1944

Liebes Cembalinchen,

ich schreibe Dir diesen Brief im Konsultationsraum. Es ist Sonntagmorgen, und ich bin im Dienst. Ich nutze eine ruhige halbe Stunde, um Dir zu sagen, dass ich Dich nicht vergessen habe. Es ist hier so heiss, dass die Schweisstropfen auf das Papier fallen. Es geht mir weiter gut. Seit einer Reihe von Wochen beschäftige ich mich wieder regelmässig mit der Arbeit an der Philosophie. Abends nach dem Essen übe ich zuerst Orgel an meinem Klavier mit Orgelpedal, und dann sitze ich, über mein Manuskript gebeugt, solange ich die Augen offen halten kann. Die ganze Arbeit existiert bereits in vielen Notizen. Es handelt sich jetzt darum, ihr die endgültige Fassung zu geben. Während des Tages arbeite ich im Spital. Ich überwache die Arbeiter in der Plantage und im Garten, ich repariere die schadhaften Schlösser und Pumpen, die Löcher in den Dächern. Abends gehöre ich mir selbst, der Orgel, der Philosophie.

Ich bleibe immer im Spital, ohne Ferien zu machen. Frau Doktor Wildikann macht jetzt für mehrere Monate Ferien in einem besseren Klima. Aus meinem Dorf und von Frau Martin und Fräulein Mathilde habe ich gute Nachrichten. Meine Tochter ist mit ihrem Mann und ihren Kindern in der Schweiz (wie ich Dir schon geschrieben habe, wie ich glaube), wo ihr Mann eine sehr interessante Stellung in einer grossen Orgelbaufirma hat. Er baut (soweit man ihm die Freiheit lässt) ganz nach meinen Prinzipien.

Vor einigen Tagen hat Professor Skillings dem Spital tausend Dollar geschickt. Ich war sehr glücklich darüber. In der Kasse des Spitals war ein grosses Loch wegen der Ausgaben, die ich hatte, um eine der Pflegerinnen, Fräulein Gertrude, in die Schweiz zu schicken. Die Schiffsreisen sind jetzt schrecklich teuer. Die Medikamente, die wir seit 1942 aus den USA bekommen haben, leisten uns noch immer gute Dienste. Wie dankbar ich Euch allen bin!

Wann werden wir uns wiedersehen? Meine Frau lässt Dich sehr grüssen. Fräulein Emma desgleichen.

Von Herzen
Dein Dir ergebener Albert
Schweitzer

Grüsse Fräulein Elli Heimann, Pasadena, Herrn Krone und die Freunde im Pomona College von mir.

Original: Englisch

Palos Verdes – California
816 Via Somonte
1. März 1945

Mein geliebter Doktor,

ich bin sicher, Du fragst Dich, was mit mir los ist, weil ich Dir so lange nicht geschrieben habe. Das bedeutet aber keineswegs, dass ich nicht an Dich denke und für Dich arbeite; ich hatte nur nicht genug Ruhe, um mich hinzusetzen und Dir einen Brief zu schreiben. Ich hatte keine Ruhe in mir und keine in meinem äusseren Leben.

Meine Arbeit an der Universität frisst mich auf, und ich bin sehr froh darüber. Wenn ich einen freien Augenblick habe, benutze ich ihn, um zu üben, denn ich will nicht zur blossen Lehrerin werden. Das Beste an meinem Lehren ist, dass es von meiner Begeisterung getragen wird, und es gibt nur einen Weg für mich, diese

Begeisterung zu entzünden, und der ist, selbst zu spielen und zu versuchen, immer vollkommener zu werden. Wenn ich an die Weltgeschehnisse denke, scheint mir das stupide und lächerlich, ich weiss es; was Du in grossem Format und auf einzigartige Weise tust, tue ich in sehr kleinem Masse. Aber es ist alles, was ich tun kann, und ich bleibe mir treu. Zum ersten Mal sehen diese Musiklehrer der öffentlichen Schulen Musik nicht nur als einen Beruf an, der ihnen eine Stellung und Sicherheit gibt, sondern von einem anderen Gesichtspunkt aus. Und das wird einen positiven Einfluss auf die nächste Generation haben. Was ich in ihnen entwickle, ist der Sinn für Qualität, der in diesem Lande sehr vernachlässigt wird. Ich glaube, dass, wenn der Sinn für Qualität einmal entwickelt ist, er nicht bei der Musik stehenbleibt; er dringt tief in menschliche Beziehungen ein. Wenigstens glaube ich das.

Geliebter Doktor, siehst Du die Professorin in mir, die, sowie sie den Mund auftut, einen Vortrag zu halten beginnt, anstatt Dir zu sagen, dass ich Dich immer gleich liebe und bewundere, dass Dein Bild in meinem Klassenzimmer steht und dass meine Studenten Dich auch sehr bewundern.

Das Weihnachtsoratorium wurde zu Deinen Gunsten aufgeführt und brachte $ 120 ein, nicht sehr viel. Ich hatte geplant, am 14. Januar in der First Congregational Church ein Konzert zu geben, um Deinen 70. Geburtstag zu ehren und etwas Geld für Dich zu verdienen, aber ich musste es absagen, was mich sehr unglücklich gemacht hat. Ich hatte einen Autounfall; mein Wagen war völlig zerstört, doch mir ist nicht viel passiert. Aber ich musste einige Tage im Bett bleiben, und Wochen später hatte ich noch immer Schmerzen. Ich spielte das Weihnachtsoratorium ganz in Verbände gehüllt. Aber ich musste dort sein. Alle meine Studenten waren Solisten, und sie brauchten mich. Der Mann, der in mich hineinfuhr, war betrunken. Ich bin eine ziemlich gute Fahrerin; nie im Leben hätte ich gedacht, dass ich mit meiner untechnischen Veranlagung einen Wagen fahren könnte. Aber wenn Du hörst, dass ich jeden Tag zur Universität 20 Meilen hin- und 20 zurückfahren muss, wirst Du verstehen, dass man hier ohne Auto zu fahren nicht leben kann.

Mein Schwiegersohn ist in der Kriegsmarine. Christina ist bei ihm, und ich bin mit meinem Enkel Peter ganz allein. Ich versorge ihn, besorge den Haushalt, oder besser, versuche es, ohne jede Hilfe natürlich, gebe 40 Privatstunden (Klavier) an der Universität und habe mindestens vier Klassen in Interpretation der Musik des 18. Jahrhunderts. Im Sommer gebe ich einen Kurs über Bach – 30 Vorlesungen. Wir unterrichten ohne Unterbrechung, das bedeutet drei Semester statt zwei; keine Ferien; manchmal 2-3 Tage frei zwischen den Semestern. Und es ist wahr, dass ich todmüde bin. Ich schäme mich, dies zu erwähnen, wenn ich bedenke, was Du alles tust oder unter welchen Umständen die Menschen in Europa monatelang ruhen und schlafen mussten.

Ich bin so froh, dass Rena in der Schweiz ist; so brauchst Du Dich um sie nicht zu sorgen. Ich wünschte, ich wüsste, wo meine Tochter Maria mit ihren beiden Babies[118] ist; ich darf gar nicht daran denken.

Es sieht jetzt so aus, als ob dieser schreckliche Mann in Europa am Ende wäre; armes Deutschland, was ist aus ihm geworden? Für mich ist Deutschland das Land von Bach und Goethe und Beethoven und Dürer, und ich empfinde grosses Mitleid mit diesem Volk, das solche grossen Geister hervorbringen konnte und nun seinen Weg so gänzlich verloren hat. Göttern dienen sie anstelle von Gott, und sie sind so dumm, das nicht zu sehen. Immer wieder wiederholt sich die Geschichte vom Goldenen Kalb.

Wie geht es Dir und Frau Schweitzer? Wie geht alles in Lambarene? – Ich hoffe so sehr, dass wir eines Tages wieder zusammen in Günsbach sitzen werden. Glaubst Du, dass es wahr werden wird? Wie geht es Frau Martin, und was ist mit ihrem Sohn[119] geworden?

Doktor, bitte, wenn Du ein Weilchen Zeit hast, sage mir Deine Meinung über die folgende Frage: Wie Du weisst, hat Bach im Thema der Goldberg-Variationen alle Verzierungen mit besonderer Sorgfalt ausgeschrieben und dabei zwischen appoggiaturas von Sechzehntel- und Achtel-Noten unterschieden; einige schreibt er ganz aus, als wollte er sicher sein, dass sie so und nicht anders gespielt werden würden. Wir wissen alle von gewissen Regeln, aufgestellt von Quantz,[120] Ph. E. Bach[121] und anderen, wie diese appoggiaturas zu spielen sind. Alle modernen Ausgaben, und es gibt eine ausgezeichnete, von Schirmer veröffentlichte, berücksichtigen sie; aber sehr oft ist es wegen harmonischer Störungen nicht möglich, diese Regeln zu befolgen. Der Verleger entschuldigt sich dafür, dass er wegen der Oktaven und anderer Schwierigkeiten diese Regeln nicht anwenden kann. Aber ich habe entdeckt, dass ich, wenn ich Bachs appoggiaturas von Sechzehntel- und Achtelnoten-Werten folge, nie Schwierigkeiten habe. Und nun bin ich zu der ketzerischen Folgerung gelangt, dass Bach, um nicht missverstanden zu werden und nicht nach den üblichen Regeln gedeutet zu werden, die Ornamente so genau ausgeschrieben hat. Ich glaube, wir gehen zu weit; Landowska zum Beispiel nimmt die Sonaten für Cembalo und Violine, die ich sehr gut kenne, indem sie mit ihrer rechten Hand Harmonien und auch Verzierungen spielt. Ich weiss nicht, ob Du Dich an diese Sonaten erinnerst. Sie sind wie die dreistimmigen Inventionen in einem strengen dreistimmigen Kontrapunkt geschrieben; oder sie sind wie Arien, bei denen die Violine die Melodie spielt und das Cembalo die

Begleitung. Aber wie kann man sich in einem strikt dreistimmigen fugalen Satz Freiheiten in einer Stimme erlauben? All das geht zu weit, besonders wenn es sich um Bach handelt; bei Händel liegt die Sache ganz anders. Darum werde ich die Goldberg-Variationen so spielen, wie die Aria geschrieben ist; und ich bin bereit, mich zu verteidigen, wenn ich angegriffen werde. Aber vor allem würde ich gern Deine Meinung darüber hören.

Bitte glaube nicht, dass Du Dich bei all Deiner Arbeit sofort hinsetzen musst, um mir zu schreiben; bei diesem Gedanken fühle ich mich sehr schuldbewusst. Aber wenn Du eines Tages die Zeit und die Ruhe hast, mir zu schreiben, wird es mich sehr glücklich machen.

Gott segne Dich, geliebter Doktor, und erhalte Dich in guter Gesundheit und Gemütsverfassung. Bitte grüsse Deine Frau und Deine Helferinnen herzlichst von mir.

In Liebe und Verehrung,
Dein Cembalinchen

Original: Französisch

Mrs. Alice Ehlers
California
896 Via Somonte
California

Dr. Albert Schweitzer
Lambarene
French Equatorial Africa
7. Juli 1945

Liebes Cembalinchen,

Dank für Deinen Brief vom 1.3.45. Ich bin erschrokken, als ich las, dass Du in Lebensgefahr warst, und ich fürchte, dass Du mir nicht gesagt hast, wie viele Verletzungen Du bei diesem Unfall erlitten hast. Glücklicherweise hast Du Dich erholt und kannst wieder Cembalo spielen. Ebenfalls glücklicherweise warst Du nicht der „betrunkene Fahrer“.[122] So hoffe ich, dass Du einen guten Schadenersatz für Deinen völlig zerstörten Wagen und Deine Verwundungen bekommst.

Vielen Dank für die so interessanten Nachrichten, die Du mir über Deine Tätigkeit gibst, die Dir sehr viel Befriedigung geben muss, und über Deine Familie. Ich bin sehr traurig über die grossen Sorgen, die Du Dir wegen Deiner Tochter Maria machst. – Was für Tragödien in unserer Zeit ...

Erinnerst Du Dich, bei uns in Günsbach Frau Jacobi aus Frankfurt kennengelernt zu haben? Sie ist 1943 in einem Lager in der Nähe von Prag gestorben, nicht als Folge von Misshandlungen, sondern an einer sehr schweren Lebererkrankung. Die Nachricht hat uns erst jetzt erreicht. ...

Ich glaube, Dir geschrieben zu haben, dass das Haus in Günsbach und das ganze Dorf nicht gelitten haben. Es war der Plan der deutschen Truppen, die im Münstertal waren, alle Dörfer dort zu verteidigen und sie bei ihrem Rückzug zu zerstören: aber als sie am 2. Februar erfuhren, dass ihnen der Rückzug nach Colmar und zum Rhein abgeschnitten war, mussten sie sich so schnell zurückziehen, und zwar über die Strasse Sulzbach-Sulzmatt, die über die Berge nach Mülhausen führt (mit der Absicht, den Rhein dort zu überschreiten, womit nur ein Teil der Regimenter Erfolg hatte), dass sie nicht die Zeit hatten, die Dörfer zu zerstören, auch Münster nicht. So ist, wie durch ein Wunder, dort alles erhalten geblieben.

Frau Martin und meine Schwestern[123] sind in Günsbach. Frau Martins Sohn hat seine linke Hand verloren, ist aber in guter Gesundheit und hat geheiratet. Fräulein Mathilde ist bereit, das Elsass zu verlassen, um nach Lambarene zu kommen. Grüsse alle am Pomona College, die an der Aufführung des Weihnachtsoratoriums für mein Spital mitgewirkt haben. Ich bin ihnen so sehr dankbar. Meine Frau lässt Dich herzlich grüssen.

Trotz meines Alters und meiner grossen Müdigkeit halte ich mich noch gut aufrecht. Jeden Abend übe ich Orgel, und ich freue mich darauf, Dir einmal mein ganzes neues Repertoire vorzuspielen. Im Spital enorm viel Arbeit. Eben kommt Fräulein Emma in mein Zimmer. Sie bittet mich, Dir zu sagen, dass sie oft an Dich denkt.

Sei mir nicht böse, dass ich Dir nicht die gewünschte Information über die Verzierungen der Goldberg-Variationen gebe. Ich habe die Noten für diese Variationen nicht hier, und es würde auch eine zu grosse Anstrengung für mich bedeuten, mich wieder in dieses Gebiet zu vertiefen und die Informationen für Dich aufzuschreiben. Mein Leben ist so angefüllt, dass es mir selten gelingt, vor Mitternacht zu Bett zu gehen. Meine Briefe schreibe ich meistens zwischen Mitternacht und zwei Uhr morgens. Mein Grossvater und mein Vater hatten ein leichteres Leben, als sie die Siebzig erreicht hatten. Auf Wiedersehen ... auf Wiedersehen, liebes Cembalinchen. Wann?

Von Herzen
Dein Dir ergebener Albert
Schweitzer

[In Helenes Handschrift am Rande des Briefes:] Liebe Frau Ehlers, die Nachricht von Ihrem Unfall hat mich sehr erschreckt – ich hoffe, dass Sie inzwischen völlig wiederhergestellt sind. Wieviel Arbeit Sie leisten: ich bewundere Sie und sende Ihnen meine herzlichsten Grüsse. Ihre Helene Schweitzer

Mrs. Alice Ehlers Dr. A. Schweitzer

Lambarene. French Equatorial Africa

26.5.46

Liebes Cembalinchen,

In dem Jubilee Book[124] habt ihr einen so famosen Kerl aus mir gemacht, dass ich jetzt in ständiger Versuchung bin, vor mir selber zu knixen! Das ist eine merkwürdige geistige Situation. Und auch du hast dich also überwunden und auf den Seiten, die du mir widmest, mit einigen netten Pinselstrichen mein Bild[125] (mein idealisiertes Bild) malen zu helfen. Und deine so natürliche Prosa nimmt sich gar nicht übel aus zwischen der der hochgelehrten Männer, die neben dir das Wort führen! Ach, Cembalinchen, was für schöne Erinnerungen weckst du in mir! Aber du vergisst zu sagen, welch' herrliche Überraschung du mir bereitetest, indem du mit dem Cellisten kamst, um bei Frl. Engel für mich zu musicieren ... Weisst du das tragische Ende von Frl. Engel? Als sie ins Concentrationslager sollte, hat sie sich mit Veronal vergiftet! Wie oft denke ich an sie! Und von Beginn 1939 an suchte ich sie zu bestimmen, nach Schweden zu gehen, wo sie auf meine Kosten gelebt hätte. Freunde von mir hatten für sie die Einreiseerlaubnis nach Schweden erwirkt und waren bereit, ihr in jeder Weise zu Diensten zu sein; aber sie konnte sich unbegreiflicherweise nicht entschliessen.

Wie schön erzählst du von Günsbacher Tagen! Besitzest du noch die Photographien: „Ganz bei der Sache", „Noch bei der Sache", „Nicht mehr bei der Sache"? Ich bat Frau Martin, sie mir zu suchen.

Nun also tausend Dank für deinen so feinen Beitrag zu dem Buch.

Es ist Sonntag Nachmittag. Ich sitze unten im Spital, an meinem Tisch im Consultationsraum. Unter dem Tisch liegt mein Hund Tschu-Tschu (ein gelb gefleckter

Köter). Ich übernehme immer die Wache am Sonntag Nachmittag, dass die Ärzte und Pflegerinnen frei sind. Es ist das „Hüten“ am Sonntag Mittag die Pflicht der Alten. Am Sonntag Abend füttern die Alten in Günsbach die Kühe. So habe ich, ein nach Africa verwehter Günsbacher, am Sonntag Nachmittag die Stallwache im Spital.

Auszüge aus dem Bericht über das Spital während der Kriegsjahre (den ich an Professor Skillings schickte) wirst du wohl zu Gesicht bekommen haben.

Ein neuer Arzt (Dr. Kopp,[126] ein Elsässer Pfarrersohn aus Münster) ist seit 8 Wochen hier. Dieser Tage soll auch der neue Schweizer Arzt (Dr. Brach) eintreffen. Ich erwarte auch zwei neue Schweizer Pflegerinnen. Aber oft müssen die, die hierher kommen sollen, monatelang auf einen Platz auf einem Schiffe warten. Und wenn die Neuen da sind, muss ich sie vorerst recht in den Dienst einführen. Denn es heisst jetzt, aus dem Betrieb während der Kriegsjahre wieder in den vollen Normalbetrieb kommen. Und jetzt will ich der Organisation die endgültige Form geben, dass die Sache weitergehen kann, auch wenn ich einmal nicht mehr auf dieser Welt bin. Ich bin im Alter, wo es gilt, „das Haus zu bestellen.“

Erst im Laufe von 1947 kann ich nach Europa gehen. Und wenn die Arbeit hier einmal mit den Neuen so läuft, dass ich mir freie Zeit nehmen kann, will ich an der Philosophie arbeiten und ihr die endgültige Fassung geben. Berge von Skizzen und auch von ausgearbeiteten Kapiteln sind vorhanden. Die grosse Schwierigkeit ist zu kürzen, dass das Buch nicht zu lang wird. Da muss man viele Seiten opfern, die man gerne beibehalten möchte.

Abends, wenn ich nicht gar zu müde bin von der Arbeit im Spital, übe ich immer auf dem Clavier mit Orgelpedal. Hoffentlich wirst du, wenn ich dir einmal vorspiele, bemerken können, dass dieses Üben Fruchte getragen hat.

Bitte grüsse alle die Freunde im Pomona College, die die Aufführung des Weihnachts-Oratoriums machten. Sag ihnen, das sich sie nicht vergesse.

Meine Frau ist zur Zeit in Port Gentil am Meere, um den heissesten Wochen hier zu entgehen. Frl. Emma arbeitet sehr viel. Ich hoffe, dass sie im Laufe des Sommers nach Hause kann.

Viele liebe Gedanken gehen von mir zu dir.

Herzlichst
dein alter Albert Schweitzer

Palos Verdes Estates – Calif.
March 10th, 1947

Geliebter Doctor,

dieser Brief wird Dich hoffentlich schon in Günsbach erreichen; wie hast Du Dir das verdient, und wie beglückt wirst Du sein. Ich wünschte mir, ich könnte Dich besuchen kommen, wie in guten alten Zeiten! – so gut waren sie wohl nicht, aber ich war doch nicht so weit fort; ich hoffe auch, dass mein Paket zur Zeit ankommt, so dass Du was davon hast. Ich hatte sehr gehofft, im Sommer nach Europa zu kommen; aber jetzt scheint es mir sehr zweifelhaft; es kostet viel Geld, und im Sommer verdiene ich noch immer mehr durch die Sommerschule; und ich muss verdienen, denn ich habe viel wegzugeben; meine Tochter Maria ist sehr krank; ich habe eben die Diagnose des Lungenarztes bekommen; sie sitzt in Mitterteich in der Oberpfalz – Amer. Zone -, wo sie mit ihren zwei kleinen Kindern von Berlin aus hingeflohen ist; der Mann hatte sie, als es mehr und mehr kritisch wurde, verlassen, da ich doch zu belastend[127] war. Das Einzige, was sie retten kann, ist ein Aufenthalt in der Schweiz, in einer der Lungenheilstätten, für viele Monate; und jeder Pfennig, den ich verdiene, muss dafür sein.

Nun, liebster Doktor, muss ich um Deine Hilfe bitten; die Einreise in die Schweiz zu bekommen, ist sehr schwierig; ich werde von hier aus das Geld überweisen; aber das ist nicht genug; man muss in der Schweiz einflussreiche oder wichtige Leute haben, die einem helfen, diese Erlaubnis zu bekommen; ich dachte mir, dass Du, der doch so verehrt wird, vielleicht jemanden weisst, der mir da helfen kann. Was mir das bedeuten würde, brauche ich Dir nicht zu sagen.

Die andere, vielleicht noch grössere Schwierigkeit ist, die Erlaubnis von der Amer. Besatzungsbehörde für die Ausreise und Wiedereinreise zu bekommen; ich bin seit dieser Nachricht ganz konfus; ich versuche alles, jeden Weg werde ich gehen, vielleicht schaffe ich es doch.

Wenn andere leiden mussten, sass ich im Sicheren; nie habe ich die Angst vor der Gestapo oder vor dem Konzentrationslager gekannt; jetzt kommt meine Abrechnung, und ich kämpfe dagegen und werde mich nicht ergeben; für mich hätte ich nie gekampft, das weiss ich.

Verzeih mir den verworrenen Brief; er ist Deiner nicht würdig; ich hätte nicht nur Bach, ich hätte noch Vieles andere von Dir lernen müssen.

Charles Münch[128] hat einen grossen Erfolg hier gehabt, und mein Freund Fritz Zweig,[129] der Münch gut kennt seit vielen Jahren, sagte mir, er habe sich zu einem grossen Dirigenten entwickelt. Durch ihn erfuhr ich auch von dem Unglück, das den Fritz getroffen hat.

Wir at U.S.C fuhren am 16. April die Matthäus-Passion auf; Solisten sind wieder die Schüler meiner Vocal Interpretation Class, und das Offering ist für Dich; viel kommt ja dabei nie heraus, aber Eines kommt zum Anderen.

Mir ist furchtbar bange nach Dir; lasse mich wissen, wie lange Du in Europa bleiben wirst.

Ich halte – ausser meinem laufenden Unterricht – 30 lectures on Bach; jedes Jahr mache ich es anders; nicht weil ich es anders machen will, aber weil ich jedes Jahr einen besseren Einblick habe; ich glaube, dass ich mehr lerne als meine Studenten; sie lernen – to quote one of the students – „What seems most important to us is that you infect us with your enthusiasm and your love for Bach“; [130] das genugt mir; denn wenn man liebt, will man auch verstehen und sich damit beschäftigen; sie kommen meistens – ich nehme nie mehr als 25 in die Klasse – ich bin keine gute Klassenlehrerin – weil der Kurs genommen werden muss von jedem Studenten, der für sein Master or Ph.D. arbeitet; aber schon nach wenigen Stunden ändern sie ihre Attitude; ich mache vor allem Musik; ich spiele, und ich lasse sie spielen; meistens habe ich Chor-Dirigenten, Komponisten und Organisten; gestern haben wir in der Klasse „Aus der Tiefe rufe ich“[131] gelesen; sie lesen alle sehr gut; Du waerest uberhaupt erstaunt, wie sich die Am. Studenten bemühen zu lernen, zu wissen, besonders von uns mit Europäischer Tradition.

Was man lernen kann, das lernen sie; nur dass es noch Etwas gibt, was man nicht erlernen kann, das fühlen sie nicht; aber wie weit sie mit dem Erlernbaren gehen, ist erstaunlich und immer wieder für mich selbst eine grosse Uberraschung. Ich bewundere es und habe uberhaupt einen ausgezeichneten Kontakt mit den Studenten; dabei ist, was sie auf dem Campus von mir sagen, „she is tough and critical but very good“.[132]

So geliebter Doktor, nun habe ich Dir Deinen müden Kopf vollgeschwatzt; der Trost dabei ist, dass Du ja den Brief weglegen kannst, wenns Dir zu dumm wird!

Gott beschütze Dich erhalte Dich gesund. Im Brief darf ich Dich auch umarmen, ich möchte doch so gerne!

Dein Cembalinchen

Marias Adresse für einen event. Contact von der Schweiz: Maria Ehlers, Mitterteich-Oberpfalz (13a), Richtergartenstrasse 2.

Grüsse mir alle Freunde von Herzen!

Es gibt in der Schweiz eine Volks-Lungenheilstätte – Cladavell[133] – oder so ähnlich; das könnte ich wohl schaffen, denn eines dieser Luxus-Sanatorien geht ja weit über was ich schaffen kann. Wenn ich sie dorthin bekommen könnte, was waere das für ein Segen. Verzeih mir, dass ich mit meinen Sorgen Dir nun auch von Deiner Ruhe nehme; aber es waere zu unnatürlich, wenn ich nicht mit meinem so schweren Herzen zu Dir käme.

Mrs. Alice Ehlers
846 West 42nd Place
Los Angeles 37, California

via Port-Gentil
17.11.50

Liebes Cembalinchen,

Gerade bin ich dabei, Ordnung in das Chaos unbeantworteter Briefe (es sind Hunderte) zu machen. Da stosse ich auf Deinen vom 1. Juni 50! Und nehme mir einige Minuten, um dir zu schreiben, denn wenn ich ihn in den Pack der zu beantwortenden tue, weiss ich nicht, ob ich je dazu komme, ihn zu beantworten.

Zuerst einmal ein Wort über den so merkwürdigen Zustand der Unfähigkeit, in dem ich mich zur Zeit deines Besuches in Günsbach befand. Als ich mich nach deiner Abfahrt hinlegte, weil ich [mich] nicht mehr aufrecht hielt, stellte sich heraus .... dass ich 40° Fieber hatte, ohne dass eine Ursache dafür zu finden war. Dies war das fünfte Mal in meinem Leben, dass mir solches zustiess; das erste mal war es mit 24 Jahren! Zwei Tage später war das Fieber weg, wie weggeblasen. Es blieb mir nur noch eine etliche Tage anhaltende Klapprigkeit, und das gerade, wo du hier warst und ich mich so gefreut hatte, dir Bach und César Franck auf der unter meiner Aufsicht intonierten Günsbacher Orgel zu spielen (sie hatte im Kriege, wo der Turm weggeschossen wurde und sie im Wasser stand, schwer gelitten). Schon lange wollte ich dir diese Erklärung geben. Als ich mich auf den Kirchhügel hinaufschleppte und nachher neben dir nach Hause taumelte, ahnte ich noch nicht, dass ich solches Fieber hatte. So ein dickes Fell haben mir die Musen in die Wiege gelegt! Ich freue mich, dass du eine so ausgefüllte und anklangfindende Tätigkeit hast. Wie schade, dass du nicht nach Boston kannst. Dass du das Seaverbuch[134] schätzest, freut mich, [er] schrieb über mich, ohne mich zu kennen. Wie es wohl deinem armen Bruder[135] erging ...

Ich habe jetzt (es ist ein Jahr, dass ich wieder hierher zurückkehrte) ein schweres Jahr hinter mir. Manchmal meinte ich, die Last von Sorgen, Aufregungen und Arbeit nicht mehr durchhalten zu können. Zuletzt blieb ich aber immer aufrecht. Und jetzt geht es relativ gut voran. Ich habe zwei Arzte, die nicht nur sehr tüchtig und als Menschen nett sind, sondern sich auch meinem Werke für dauernd widmen wollen. Da lohnt es sich doch, sie in die Arbeit einzufuhren ... acht sehr tüchtige Pflegerinnen, aber ich habe seit einem Jahr niemals einen freien Nachmittag gehabt .. und immer bis in die Nacht hinein gearbeitet und morgens 6 ¼ heraus. Wenn du wieder nach Günsbach kommst, komm nicht zu kurz, dass die 40° Fieber, die mir die Freude, dich wiederzusehen vielleicht geben wird, Zeit haben abzuklingen. Mit den Inventionen[136] ist es so: alle Verzierungen spielen lassen. Bach will, dass sie als Übung in dieser Hinsicht für die Schüler dienen, und für die Finger bedeutet es an sich eine herrliche Übung zur

Selbständigkeit. Und wenn die Verzierungen richtig und fein ausgeführt sind, stören sie die Hauptlinien nicht. Ich danke, dass du mich immer so lieb hast! Ach wie schöne Erinnerungen haben wir gemein! Verzeih die Schrift: die arme Schreibkrampfhand vermag es nicht mehr besser.

Dein A. Schweitzer

Mrs. Alice Ehlers
9039 Norha Place
Los Angeles 46
California, USA

21.1.51

Liebes Cembalinchen,

Welch' herrliche Überraschung hast du mir bereitet, du Gütige, Unermüdliche! Was hast du geschuftet (Comme on dit dans le grand monde[137]), um diese Aufführung zu Stande zu bringen! Eine Woche hast du auswärts verbracht und dafür wahrscheinlich manche zu gebenden Privatstunden, die dir Butter aufs Brot einbringen sollten, schwimmen lassen! Wie gut habe ich den Namen Pomona von der Aufführung von vor einigen Jahren in Erinnerung. Und nun hat es wieder eine Pomona-Aufführung gegeben. Und was für ein schönes Ensemble von Programmen hast du aufgestellt. Phoebus und Pan,[138] welches Wunderwerk. Hoffentlich habt ihr das Ia des Esels[139] im Orchester schön herausgehauen! Die Goldbergvariationen hätte ich gerne von dir gehört. Dies ist also nur ein Brief an dich. Die Übermüdung meiner Augen erlaubt mir nicht, an die Leute, die mit dir sich um diese Aufführung verdient machten, persönlich zu schreiben. Ich hoffe es aber dieser Tage zu tun. Wie dankbar bin ich euch für die grosse Summe, die für das Spital herausgekommen ist! Wie arg gut kann ich sie brauchen! Wie soll ich dir aussprechen alles, was ich empfinde. Wann werden wir uns wiedersehen? Drücke also allen Mitwirkenden meinen herzlichen Dank aus.

Herzlichst
Dein Albert Schweitzer

9039 Norma Place
Hollywood 46, California
Janary 21st, 1952

Geliebtester Docktor,

das ist ein sehr verspäteter Geburtstagsbrief; bitte verzeihe! Ich habe aber seit Anfang November nicht einen freien oder ruhigen Moment. Im November bekam ich eine Virus-Pneumonia; das war nicht so schlimm an sich, aber die Medikamente haben mich so schwach gemacht, dass ich für beinahe vier Wochen nicht an die Universität gehen konnte; nachher musste ich doch alle Stunden nachgeben neben der laufenden Arbeit.

Unser jährliches Festival – mal Bach, mal Baroque music – fing am 6. Januar an. Jede Woche ein Konzert. Mit nur wenigen Ausnahmen ist alles von Schülern aufgeführt worden. Dies Arbeit kannst Du Dir kaum vorstellen; es ist viel, viel leichter, alles alleine zu machen. Aber ich bestehe darauf, soviel als nur möglich Schuler zu verwenden; sie lernen dabei mehr als mit allem Stundengeben; vor allem lernen sie, sich zu vertiefen, etwas, was dem amerikanischen Studenten fremd ist; mit Ausnahmen natürlich. Unter Anderem haben wir Schütz[140] gemacht „Der 12jährige Jesus im Tempel“ und „Saul was verfolgst Du mich“. Von Charpentier,[141] einem Zeitgenossen Lully's,[142] machten wir „Le Reniement de St. Pierre“[143]; ein sehr schönes Stück, viel tiefer als Lully. Von Lully machten wir ein sehr schönes

„Dies Irae“[144] und herrliche Gesänge von Purcell[145], darunter auch ein miniatur Oratorium „Saul and the witch of Endor“. Natürlich auch instrumental Musik. Gestern war der letzte Abend, und ich bekam eine Ovation von Publikum, Collegen und Schülern. War sehr glücklich darüber; es war für die Universität ein sehr grosser Erfolg. Dazwischen spielte ich gerade in der letzten Woche zweimal mit der hiesigen Philharmony ein modernes Stück von Frank Martin;[146] ich habe gar keine Stellung zu moderner Musik, das Meiste finde ich unerträglich; aber das ist ein wirklich schönes Stück.

Nun, seit gestern ist alles hinter mir, und die Belohnung, die ich mir gebe, ist, dass ich Dir schreiben darf. Da erzähle ich von mir und habe das Wichtigste noch nicht gesagt: dass ich allen Segen des Himmels auf Dich wünsche; dass der Himmel Dir die Kraft für noch lange schenken möge, dass Du tun kannst, was Du tun musst. Amen.

Und mir wünsche ich noch einmal einige Wochen in Günsbach in Deiner Nähe. Wenn nicht ein Wunder geschieht, kann ich mir nicht denken, wie ich wieder nach Europa kommen soll; 1952 ist mein letztes Jahr; ich werde wohl weiter an der Universitat arbeiten, aber nicht mehr als Full Professor, sondern mit einem sehr kleinen Gehalt. Ich bin ja schon dafür dankbar, aber für eine Europa-Reise langt es nicht. Na, vielleicht geschieht ein Wunder! Ich werde Frau Martin fragen, ob Du eine Maschine hast, auf der Du Long playing records spielen kannst; dann schicke ich Dir meine neuesten Platten; dann ist doch wenigstens etwas von mir bei Dir. Mit Deinen Photos waren alle glucklich; und die Du unterschrieben hast, sind unter Glas und werden herum gezeigt. Ein schönes Bild war von Dir zu Deinem Geburtstag in der N.Y. Times.

Ich umarme Dich in Liebe und Verehrung, bleibe gesund und vom Himmel beschützt.

Dein Dir tief ergebenes
Cembalinchen

[September 1952]

Liebe Alice, liebes Cembalinche,[147]

Der Überraschungen in der Musikwelt doch kein Ende nehmend, müssen Ihnen aber die Ohren wohltemperiert geklungen haben seit gestern, da mein Aufenthalt in Europa durch eine rührend-herzliche Aufnahme in Günsbach gekrönt wurde! Jetzt weiss ich also, warum Sie die Goldberg-Variationen mit solch kraftvoller Überzeugung[148] gespielt haben! Hier sitze ich also – im Arbeitszimmer des Doktors, der, wie sowohl Mme Martin, seiner Korrespondenz nachgeht (oder -sitzt). Mme Martins erste Frage gestern war nach Ihnen, und sie strahlte, als der Kontakt bejaht werden konnte.

Viele wichtige und interessante Fragen kamen schon zur Sprache, der Kulturquell sprudelt förmlich, wie Sie ja schon länger wissen. Jetzt will ich meinen Papier-Raum an Würdigere abtreten und freue mich auf viel mündliches Erzählen und Befragen im Januar.

Alles Beste und herzlichst grüsst Sie
Wolfgang Edw. Rebner[149]

Liebes Cembalinchen,
ich umarme Sie, es geht alles gut Ihre Emmy

Liebes Cembalinchen,

Der, der vor mir geschrieben hat, hat kein Datum angegeben. Also heute, den 24. Sept., sind es eine Reihe von Tagen her, dass er da war. Ich hatte sehr grosse

Freude, ihn kennenzulernen, und wir haben uns so gut unterhalten, als meine Müdigkeit und meine Arbeit es erlauben. Welch feiner Mensch ist er! Aber dann werde ich so traurig, dass ich so manche lieben Menschen aus den Staaten sehe, aber nicht dich, die du doch hier ein bischen zu Hause bist. Das Erard-Klavier hat dir ein so gutes Andenken bewahrt, obwohl du einige Mühe hattest, dich an seinen milden Ton zu gewöhnen. Ich spüre es jedesmal, wenn ich auf ihm übe, dass es dich ebensowenig vergessen hat, wie mich.

Was dir von meinem Leben sagen? Es wird immer schwerer. Ich bin so viel und in so vieler Art in Anspruch genommen, dass ich nicht arbeiten kann, wie ich sollte. Ich werde müde von Sachen, die eigentlich mit meinem Wirken nichts zu tun haben. Die Zeit für meine wirkliche Arbeit muss ich mir stehlen und in Müdigkeit tun, was ich ausgeruht und unverbraucht tun sollte. Oft bin ich ganz mutlos. Aber dass die Idee der Ehrfurcht vor dem Leben ihren Weg macht, ist schön. Es ist mir unglaublich, dass ich dies noch erlebe. Ich wusste, dass es einmal stattfinden würde, glaubte aber, dass es erst nach meinem Tode geschähe. Ach, wie gerne hätte ich meine letzten Jahre in der Verborgenheit gelebt und noch in der Stille gearbeitet. Ich leide darunter, dass die Scheinwerfer so auf mich gerichtet sind. Günsbach ist deshalb nicht mehr das stille Günsbach, das es war, als du hier daheim warst. Aber komm doch noch einmal. Dieser Tage wird hier geherbstet.

Mit lieben Gedanken und mit besten Wünschen für dein Wirken. Ich vergesse dich nicht. Grüsse alle meine Bekannten, die so gut für Lambarene waren, dort in deiner Gegend.

Herzlichst
Dein Albert Schweitzer

January first, 1959

Geliebtester Docktor,

kann ich ein neues Jahr schöner beginnen als zu Dir zu sprechen? Du hast nur einen Konkurrenten, den heiligen Johann Sebastian. Hätte sehr viel mit ihm zu sprechen und zu fragen – Dieser brief soll Dich zu Deinem Geburtstag grüssen und Dir sagen, wie nahe Du mir immer bist, und wie ich oft im Geiste mit Dir debattiere (was ich in Deiner Nähe nie tun wurdc). Und dann so wichtig fur mich, ich komme nach Europa; meine Tochter ist mit ihren Kindern in der Schweiz und hat mich eingeladen; nun kann ich Dich sehen, denn ich hoffe doch, dass Du in Europa sein wirst. Wann, glaubst Du, werden die menschen Dir zwei Tage Ruhe gönnen, so dass ich Dich sehen kann wie in den alten Zeiten, wo Du für mich das bedeuted hast, was die Welt erst später gelernt und erkannt hat. Ich komme Ende July nach Europa und kann am Anfang meiner ferien oder am Ende – gegen den 15. September – im lieben Günsbach sein; aber ich kann auch irgendwann kommen, wenn es Dir passt, denn mit hier verglichen sind das ja keine Entfernungen. Ich schrieb schon an Frau Martin und bat sie um Rat. Ich kann es Dir nicht sagen, wie ich mich freue, dass ich Dich sehen werde; habe nicht mehr zu hoffen gewagt, dass es mir nochmals vergönnt sein wird. Bin Ur-Grossmutter[150] seit sechs Wochen; für den Vater meines Ur-Enkels habe ich 1935 in Günsbach alles gehakelt und gestrickt. Wie schnell das Leben vorbeigegangen ist, und ich habe noch so viel zu lernen und zu tun.

Gottes Gnade, Schutz und Gnade mit Dir, geliebtester Docktor und auf ein glückliches Wiedersehen.

Dein Cembalinchen

960-9th Street
Hermosa Beach, Calif. USA

November 18th, 1959

Geliebtester Doctor:

es scheint mir so lange Zeit, dass ich die glücklichen Tage in Günsbach hatte! Deshalb ging ich gestern – um ehrlich zu sein, mit etwas zitterndem Herzen, zu einem Vortrag „THE PHILOSOPHY OF LIFE OF ALBERT SCHWEITZER WITH REFERENCE TO HIS CONCEPTS OF MORALS AND RELIGION".

Ich hatte zweierlei Ängste: erstens, dass ich mit meinem so unphilosophischen Verstand nichts verstehen werde, zweitens mit einer inneren Angst, was Dr. Langfeldt[151] aus und mit Dir machen wird. Ich habe das meiste verstanden, es waren vielleicht zwei oder drei philosophisch-technische Ausdrücke, die ich nachschlagen muss. Über Dich hat er mit der grössten Bewunderung und Verehrung gesprochen, ohne die Augen zum Himmel zu schlagen, wenn er Deinen Namen nannte ohne jede Sentimentalität.

Ich glaube, Du wärest mit der Art des Vortrages einverstanden gewesen. Ob mit all seinen Erklärungen, das weiss ich nicht. Ich bat ihn, den Vortrag in gutes Deutsch übersetzen zu lassen und ihn Dir dann zu schicken. Er hat in seinem Vortrag an so Vieles gerührt, was ich immer so gern wissen wollte.

Über Deine Bemerkingen über Bach's kurzen Triller denke ich viel nach. Wenn es sich um eine Viertel note handelt, wie im Friedeman[152]-Buch, sehe ich es ein und spiele es auch so; mit längeren Noten weiss ich noch nicht recht. Eine Frage vergass ich Dich zu fragen – nein, ich vergass es nicht, aber mit all den Menschen um Dich, die mit Fragen kamen, wollte ich Dich wenigstens in Ruhe lassen. Aber ein Schüler von mir, für den Dein Wort das Evangelium ist, lässt mir keine Ruhe; dies ist seine Frage: Warum sagt Dr. S (Bach-Buch, Seite 268), dass Bach nicht correct war „Die Busse zwischen Taufe und Abendmahl zu stellen“. Der Schüler sagt, dass im Luther-Catechism die Busse for dem Abendmahl kommt. Ich weiss darüber gar nichts. Der Mann ist ein Kirchenmusiker und sehr ernst und kommt immer wieder zurück auf diese Frage. So, wenn Du der guten Frau Martin, der ich von Herzen für ihren so lieben Brief danke, einen einzigen Satz darüber diktieren wurdest, wäre ich sehr dankbar.

Für den nächsten Sommer habe ich eine schöne Aufgabe vor mir. Berkeley, eine der besten und ältesten Universitäten in USA, hat mich eingeladen, einen Kurs in der Interpretation von Bach zu geben. Das danke ich Dir, dass ich von Articulation und Phrasierung mehr weiss als die meisten Musiker. Es ist so weit mit mir gekommen, dass ich die Musik einfach nicht verstehe, wenn nicht richtig phrasiert und articuliert wird. Das ist, wie wenn beistrich und alle andern Zeichen manches-mal verdruckt sind und ich einen Passus einigemale lesen muss, um ihn zu verstehen. Aber merkwürdiger weise merken das die Menschen nicht und verlangen nicht danach. Was sie von der Musik wollen ist, dass sie schön klingt; ob es Sinn macht oder nicht, das inter-essiert niemand. Natürlich liegt der Fall bei spätere Musik anders; aber für Bach meint es „Leben oder Tode“ seiner Musik. Verzeih das schlechte Maschine-schreiben. Ich hoffe, Du kannst es lesen, oder jemand wird Erbarmen haben und es Dir vorlesen. Das ist eine mir fremde Maschine, und deutsch schreiben kann ich auch nicht mehr.

Als ich uber die Feier in Frankfurt hörte, musste ich an den Tag denken, als Du die Goethe-Rede[153] gabst und am Abend mit Dr. Alice Masaryk[154] in mein

Konzert kamst. Damals hast Du mich eingeladen, für einige Tage nach Günsbach zu kommen.

Der Himmel beschütze Dich, geliebter Docktor. Deine Freundschaft ist eines der Wunderbarsten Geschenke meines Lebens.

Dein Cembalinchen

Alice Ehlers — Doctor Schweitzer, Lambarene
[17. Dezember 1959]

Liebes Cembalinchen,

Also fährst du nach Boston, um am 17. März zu Ehren von mir als Nachfeier zu meinem 85. Geburtstag ein Concert auf deinem Instrument zu geben. [Und] die Gambenspielerin Eva Heinitz[155] lässt in diesem Kon [zert] die Gambe in ihrem wunderbaren Ton erklingen. Ich schreib dir jetzt gleich, dir und Fräulein Heinitz zu danken. Ich bin (es ist 17.12.59) auf dem Schiff, das mich nach Afrika zurückbringt. Wir fahren südlich von Dakar der Küste entlang. Ob ich in der Arbeit in Lambarene am 17.3.1960 dazu käme, dir zu schreiben, weiss ich nicht. Also mach ich's jetzt, wo ich mir einigermassen selbst angehöre. Und auf dem Kalender notiere ich mir den Tag und rechne die Abendstunde des Konzerts umgerechnet auf Lambarene-Zeit aus, dass ich in Gedanken bei dem Konzert sein kann. Grüsse auch Frl. Heinitz von mir. Ich dauere mich, dass ich 85 Jahre alt werde. Lieber wäre mir, dreissig Jahre alt zu werden und noch ganz unbekannt zu sein. Aber ich muss mich doch für bevorzugt halten, weil die Menschen so gut zu mir sind. Mein Leben ist sehr schwer. Aber die Liebe, die ich von Menschen erfahre, hält mich in meiner grossen Müdigkeit aufrecht.

Herzlich
Dein Albert Schweitzer

January 7th, 1960

Geliebtester Doctor,

Wie lieb und gut von Dir mir zu schreiben! Ich fühle mich geehrt und glücklich, dass ich für Dich spielen kann. Ein schönes Programm haben wir, und gute Musik werden wir machen, wollte, Du könntest es hören, Du würdest Dich freuen. Hoffentlich nehmen wir auch viel Geld ein.

Ich wünschte auch, es wäre nicht Dein 85ster, sondern 50ster Geburtstag (nicht, wie Du sagst, 30ster, das ist gar zu jung, da kann ich nicht mit).

Ich weiss, wie müde Du bist, hast es aber so gar nicht gezeigt, als ich in Günsbach war, weder im Sein noch im Aussehen.

Der Himmel beschütze Dich und sei gnädig zu Dir!

Dein Dir tief ergebenes
Cembalinchen

Mrs Alice Ehlers
Hermosa California
960-9th Street USA

3.5.1960

Liebes Cembalinchen,

Durch Mrs Pauline Aldermann[156] wissen wir von dem grossen Unglück,[157] das dir widerfahren ist und denken viel an dich. Du hast schon so viel im Leben durchgemacht, und jetzt, wo du aufatmen könntest, trifft dich ein so schweres Geschick. Jetzt hast du vier Kindern die Eltern zu ersetzen ... Was ist das für eine Verantwortung. Alle, die hier in Lambarene wissen, wer du bist (Frl. Mathilde, Frl. Ali[158]), bitten mich, dir ihre herzliche Teilnahme auszudrücken. Was ich empfinde und mitempfinde, versuche ich nicht in Worte zu fassen.

Und immer geht das Leben weiter und stellt neue Anforderungen an uns ... Ach, die armen Kinder ..

Ich schreibe Dir an meinem Tisch im Konsultationsraum. Der Betrieb flaut ab. Es geht dem Abend zu. Eben hat man mir meine Lampe gebracht. Was soll ich dir von mir erzählen?

Ich habe am Ende 1959 einige Wochen in Europa zugebracht und war dabei viel auf Reisen: Schweden, Dänemark, Deutschland, Frankreich, Belgien, Holland. Ich habe befreundete Universitäten wiedergesehen und Reden halten mussen über den Gegenstand, der mir am Herzen liegt: Die Schaffung eines neuen Geistes in unserer Kultur. Auf dieser Reise durfte ich bemerken, dass die Idee der Ehrfurcht vor dem Leben ihren Weg zu machen beginnt. Das ist das grosse Ereignis meines Alters. Ausgesprochen habe ich sie erstmalig in Vorlesungen, die ich 1920 in Upsala hielt. Langsam hat sie den Weg zum Denken und den Herzen der Menschen gefunden.

In meinem Spital geht es gut. Leider wird es immer grösser; in den zwei letzten Monaten habe ich ein neues Haus mit vier Zimmern für Ärzte des Spitals und Besucher bauen müssen. Der 85. Geburtstag war ein Arbeitstag wie andere ...

Immer noch übe ich Orgel. Die Füsse sind etwa steifer geworden als früher. Aber regelmässiges Üben erhält sie genügend gelenkig. Die Günsbacher Orgel, auf der ich meine Platten gemacht habe, baue ich um, dass sie rein mechanisch ist, was heisst, dass sie Jahrhunderte überleben kann. Die Sache kommt natürlich teuer zu stehen. Die Kirche kann nichts dazu geben, denn sie ist durch die beiden Kriege verarmt. Einen bedeutenden Teil bezahle ich selber. Den Rest bettle ich schlecht und recht zusammen. Die Orgel soll das Modell einer schönen Dorforgel, auf der man alte und neue Meister spielen kann, sein. Der Umbau wird verteuert dadurch, dass man 1932, als man die Orgel erbaute, aus Geldmangel Material der im 1. Kriege zerstörten Orgel mitübernahm. Aber dieses ist nicht mehr weiter zu benutzen. So muss viel neues Material gebraucht werden. Der Intonateur, der die Orgel intonieren soll, ist derselbe, der sie 1932 intonierte.

So geht mein Leben weiter seinen Gang. Eine grosse Sorge ist mir, dass die Völker in unsinnigerweise in Atombomben weiter gegeneinander rüsten. Die Gefahr, dass auf irgendeine zufällige Weise ein Atomkrieg ausbricht, ist da. Was wird, wenn auch China Atomwaffen haben wird oder irgendwelche orientalischen unberechenbaren Herrscher, die ohne Verantwortungsgefühl sind?

Und niemand hört auf die Stimme der Vernunft. Und Russland ist vernünftiger als die Staaten des Westens. Und die deutsche Frage wird immer verwickelter. Wo soll das alles hinaus. Und schon zeigt sich, dass die Völker in ihrem Wettrüsten sich finanziell ruinieren. Das tritt von Jahr zu Jahr deutlicher zu Tage.

Mit lieben Gedanken
Dein Albert Schweitzer

Mrs. Alice Ehlers
960-9th Street
Hermosa-Beach
California, USA

25.6.61

Liebes Cembalinchen,

Wieder hast du Conzerte gegeben für mein Spital! Ich danke dir von Herzen. Wie lieb du bist, solches für mich zu tun! Das Programm ist sehr schön. Ich schreibe auch an Herrn Fiske und sein Orchester. Es ist Sonntag. Ich schreibe dir an meinem Tisch im Consultationsraum, in dem Lärm, der im Raume herrscht. Von mir ist nicht viel zu berichten. Mein Leben läuft gleichmässig fort, nur dass es immer schwerer wird. Das Spital wird immer grösser. Jedes Jahr muss ich neue Gebäude erstellen, um die Kranken richtig unterbringen zu können. Das Bauen muss ich selber leiten, was eine grosse Belastung für mich ist. Gebaut wird in der trockenen Jahreszeit, zwischen Juni und September. Eine grosse Belastung ist für mich die immer zunehmende Korrespondenz. Es ist etwas Schönes, mit so vielen Menschen in Beziehung zu stehen. Aber, wo die Zeit für die viele Korrespondenz finden? Und meine arme Schreibkrampfhand und meine überanstrengten Augen verlangen immer grössere Schonung. So schlängele ich mich durch mein Dasein, so gut ich kann. Ich fühle auch, dass ich jedes Jahr älter werde. Aber ich darf mich nicht beklagen. Ich bin noch relativ rüstig und kann noch gut arbeiten.

Meine Tochter ist für eine Reihe von Wochen hier. Zwei meiner Enkelkinder kommen demnächst. Sie dürfen, solange ich noch lebe, jedes Jahr kommen. Das Geld für diese grossen Reisen finde ich in diesem Fall gut verwendet! Viel lebe ich in Erinnerungen. Klar sehe ich dich und einen Cellisten noch vor mir, als ihr in Berlin zu mir kamt. Und deinen längeren Gunsbach-Aufenthalt habe ich auch noch gut in Erinnerung. Vielleicht hast Du vor einigen Wochen in der Radio gehört, dass ich krank gewesen sei. Kein Wort war wahr. Es ist unglaublich, mit welchem Leichtsinn die Radio verfährt! Vielleicht ist [es] nur so in Afrika.

Im Spital geht alles gut. Ich habe ausgezeichnete Ärzte und ausgezeichnete Pflegerinnen. Alle Leute verstehen sich gut. Da muss ich mich wirklich für glücklich halten. Grosse Sorge macht mir die Atomsache, seit einem Jahr gestaltet sich die Lage immer schlechter und schlechter. Was soll daraus werden? Es ist deprimierend.

Mit lieben Gedanken

Dein alter Albert Schweitzer

Ich sende dir die letzte von mir gemachte Photographie. Vielleicht macht sie dir Freude.

Alice Ehlers
960 Ninth Street
Hermosa Beach
California, USA

August 28th, 1961

Geliebter, sehr verehrter Doktor:

Dank für Deinen lieben guten Brief. Ich hatte Dir absichtlich nichts von dem geplanten Konzert geschrieben, weil ich wusste, dass Du mir danken wirst, und ich wollte Dir doch so gerne das Schreiben ersparen.

Vor langer, langer Zeit sagte ich Dir einmal in Günsbach, dass wir, die Dich lieben und verehren, Deine Zeit und Kraft und Energie respektieren und Dir unnötige Arbeit fernhalten sollen; die Anderen tum es ja doch nicht. Und nun hast Du mir doch, trotz aller Arbeit und Schreibkrampf, einen so lieben, langen Brief geschrieben, der mich sehr beglückt hat. Ich habe Deine Schrift mit den alten Briefen, die ich von Dir habe, verglichen: sie ist unverändert. Auf dem Photo siehst Du jünger aus als vor einigen Jahren.

Dass ich Dir erst so spät danke, hat einen Grund: Eine Woche nach dem Konzert musste ich von einem Tage zum anderen operiert werden Vereiterte Gallenblase, Gallensteine, und die Leber hatte ein Abszess. Ich habe alle meine Energie daran gesetzt, gesund und kräftig zu werden, um Sommerschule zu unterrichten und meine fünf Konzerte zu spielen. Ich habe keinerlei Besuche erlaubt, nicht mal Telephon-Gespräche, die mich, selbst wenn ich gesund bin, schon anstrengen.

Es ist mir gelungen, aber es war nicht leicht, und jede freie Minute bin ich gelegen.

Morgen fahre ich nach Wisconsin als Visiting Professor für das erste Semester. Sie wollen Interesse an Baroque Music erwecken. (Verzeih mein Deutsch; es ist elend, es ist unmöglich; Sprechen geht, das ist mir noch ganz geläufig, aber Schreiben ist schlecht, Satzbildung und Ortographie; man sollte es nicht für möglich halten, in meiner Muttersprache.)

Als ich vor 20 Jahren an meine Universität kam, war Baroque-Musik für das Publikum ein vager Bgriff [sic]. Sie kannten Namen wie Bach und Händel und ein oder das Andere Werk. Jetzt ist nun alles übertrieben; viel zu viel wird recorded; der ganze Vivaldi, Corelli etc. Dabei sind die meisten dieser Werke nur Routine-Arbeit, und nur selten findet man Gottes Geist. Bach war eine Ausnahme. In meinen Baroque-Konzerten führe ich viele unbekannte oder kaum bekannte Werke auf.

Einer der grossartigsten Komponisten ist Purcell; ich wünschte, Du konntest „Saul and the Witch of Endor" hören oder „Jephta" von Carissimi.[159] Schütz und viele der alten deutschen Meister haben herrliche Musik geschrieben. Aber man muss aussuchen!

Verzeihe bitte alle Fehler und diesen langen Brief; es ist so gut, zu Dir zu sprechen. Grüsse mir Rena, wenn sie noch bei Dir ist, und Fraulein Mathilde. Der Himmel erhalte Dich gesund.

In liebevoller Verehrung
Dein Cembalinchen

Mrs. Alice Ehlers
c/o University of Wisconsin
Dept. of Music
Madison, Wisconsin, USA Sept. 10. 1961

Geliebter Doktor,

In meinem letzten Brief vergass ich Dich zu fragen, ob, was hier erzählt wird, wahr ist. Das Märchen geht um, dass Du zugesagt hast, nach Bethlehem,[160] USA, zu den Bach-Festival zu kommen. Nur eine Karte mit „Ja“ oder „Nein“ genügt!

Der Dirigent der Bach-Festspiele in Carmel, Californien, in denen ich immer spiele, hat mir das geschrieben und hofft und betet, dass Du dann auch nach Carmel kommen würdest.

Es ist da 25jahrige Jubileum des Carmel Bach-Festival, und ich spiele Brandenburg V,[161] Goldberg-Variation und all 30 Inventionen. Wie glücklich ich wäre, brauche ich Dir nicht zu sagen, Du weisst es.

Dein Cembalinchen

Mrs. Alice Ehlers
c/o University of Wisconsin
Dept. of Music Aequatorialafrika
Madison, Wisconsin, USA 4.10.61

Liebes Cembalinchen,

Auf deine Zeilen vom Sept. 10, 61 kann ich dir nur mitteilen, dass ich dem Dirigenten der Bach-Festspiele antworten musste, dass meine Arbeit mir nicht erlaubt, zu den Bach-Tagen in Carmel zu kommen. Ach, in meinem Leben darf ich mir nichts anderes vornehmen als Arbeit. Wie gern wäre ich zu diesen Festspielen gekommen. Sogar die Hoffnung, in diesem Herbst auf einige Wochen nach Europa zu fahren, habe ich aufgeben müssen, weil ich mit Bauten beschäftigt bin, die vor Anbruch der Regenzeit (im Spätherbst) fertig werden müssen. In der Regenzeit kann man nicht mehr bauen.

Tausend Dank für deinen lieben Brief vom 28.8.61. Was hast du Arme durchgemacht. Und, gelt, wie gut, dass [es] so eine moderne Medizin gibt, die die Menschen in solcher Not retten kann. Barok-Musik ist eine dumme Bezeichnung einer musikalischen Epoche. Barok will heissen „verrückt". Man nannte so den Kirchenbaustil, der im 18. Jahrhundert aufkam und mit Gothik oder Romanik nichts mehr zu tun hatte, sondern stilloses Neues erdachte und schuf. Aber das hat ja mit dem Entwicklungsstand der Musik gar nichts zu tun. Man sollte für die Musik einfach die Zeit angeben. Beginn 16. Jahrhundert, Ende 16. Jahrhundert. – Anfang 17. Jahrhundert, Ende 17. Jahrhundert. – Anfang 18. Jahrhundert, Ende 18. Jahrhundert. –

Seinem Wesen nach gehört Bach der Gothik an. Seine Musik ist Gothik in Tonlinien. Also rede nie von Musik des sogenannten Barockzeitalters als mit Angabe der Zeit. Verwende nie das blöde Wort Barock, das nur auf die Architektur jener Zeit geht.

Herzlich
Dein alter Albert Schweitzer

Alice Ehlers
416 Calle Mayor
Redondo Beach, California

Dr. Albert Schweitzer
Lambarene, Gabon
West Aequatorialafrika
17.6.63

Liebes Cembalinchen,

Dein Brief vom April hat mir Freude gemacht. Er zeigt, dass du arbeitest und Erfolg hast. Alles, was du schreibst, hat mich interessiert.

Ich schreibe dir im grossen Konsultationsraum. Ich darf dir nicht schreiben, wie ich möchte, weil ich meine überanstrengte arme Schreibkrampfhand schonen muss, damit sie mich nicht ganz im Stich lässt. Meine Korrespondenz ist ins Ungeheure gewachsen. Und nun dieses Geschreibe entziffern und die Qual erdulden, dass mit farblos gewordenen Farbbändern getippt wurde und kein Zwischenraum der Zeilen blieb. Und die Leute verlangen, dass ich selber schreibe. Aber genug gejammert. Ich habe ja etwas, dass sehr schön in meinem Leben ist: dass meine Philosophie der Humanität ihren Weg in der Welt macht und den Menschen etwas bedeutet. Sie setzt sich aus eigener Kraft durch, weil sie wahr ist und einen neuen Geist in unsere arme Atomwaffenzeit bringt. Ich kann nicht begreifen, dass ich diesen Umschwung im Denken in Gang bringen durfte, dass [mein] in [der] Einsamkeit Afrikas geschriebenes Buch „Kultur und Ethik" eine solche Wirkung haben würde. Die Lehre der Ehrfurcht vor dem Leben wird jetzt in vielen Schulen gelehrt. Sie hat sich kampflos durchgesetzt, in Lambarene ist sie entstanden – Darum fühle ich mich hier so daheim. Mein Spital läuft gut, nur wird es immer grösser. Weisst du noch, wie der Herr bei euch hiess, der dem Spital so gute Schaufeln und Arbeitsgeräte sandte? Grüss ihn von mir und sag ihm, [dass sie noch immer in Gebrauch sind und uns grosse] Dienste leisten und ich immer in Dankbarkeit seiner gedenke. Grüsse alle Bekannten von mir.

Dein Albert Schweitzer

Dr. Alice Ehlers	Dr. Albert Schweitzer
416 Calle Major	Lambarene, Gabon
Redondo Beach	Afrique Equatoriale
California, USA	12.1.64

Liebes Cembalinchen,

Tausend Dank für Deinen lieben Brief.

Es freut mich, dass es dir gut geht und du in guter Stimmung bist. Du bedauerst, dass du meine philosophischen Werke nicht lesen kannst, weil du nicht philosophisch beanlagt bist. Das kommt für das Lesen meiner Werke gar nicht in Betracht. Gelehrt oder ungelehrt: Wer ein Bischen denken will, versteht meine philosophischen Bücher. Denn meine Philosophie ist einfach. Sie hat es nur damit zu tun, dass wir einfachere und bessere Menschen werden, dass wir menschlichere Menschen werden, als wir es sind. Wir sollen nicht nur Mitleid mit den Menschen haben, sondern mit allen Kreaturen. Diesen Gedanken vertrete ich. Und man fängt an ihn zu verstehen. Diese neue Moral wird jetzt in den Schulen gelehrt, in vielen Ländern.

Es freut mich, dass du [dich] völlig als Künstlerin in Form fühlst und mit deinen Händen zufrieden bist. Wie schön, dass du allen vier Kindern deiner Tochter[162] eine Heimat bieten kannst.

Mir geht es gut. Ich muss mich glücklich schätzen, dass ich in mei[nem] Alter noch meine grosse Arbeit tun kann. Also freuen wir uns miteinander

Herzlich
Dein Albert Schweitzer

Wenn du schon so lieb bist, mir einen Brief von mehreren Blättern zu schreiben, so sei auch noch so lieb, sie mit ciner Klammer oder einem Faden [zusammenzuhalten].

Mrs. Alice Ehlers
416 Calle Major
Redondos
California, USA

Lambarene, 23.3.64

Liebes Cembalinchen,

Tausend Dank, liebes Cembalinchen, für deinen schönen langen Brief. Ich habe ihn gelesen und wieder gelesen. Er weckt viele Erinnerungen in mir, einzigartige Erinnerungen. Ich stelle mir vor, dass du gesund bist und noch gut arbeiten [kannst]. Und eine grosse Aufgabe wird sein, die Kinder deiner Tochter zu erziehen. du musst dich freuen, dass du diesen Kindern helfen kannst.

Nun schreibe ich dir von mir. Ich bin glücklich, dass ich in meinem Alter so gesund bin und meine Arbeit in Lambarene tun kann. In meinem Spital läuft alles gut. Aber im Lauf der Jahre wird es viel grösser, als ich es geplant hatte. Wir sind jetzt sechs Arzte und 15 europäische Pflegerinnen. Wir sind ein Spital, in dem an die 500 Kranken stetig Platz haben und etwa 1000 Operationen im Jahr gemacht werden. Dieses so gross gewordene Spital kommt teuer zu stehen. Aber meine vielen Freunde in der Welt ermöglichen es mir, das grosse Spital zu erhalten.

In den letzten [Jahren] habe ich erleben dürfen, dass mein Denken der Welt etwas bedeutet. Meine Ethik der Ehrfurcht vor dem Leben beginnt sich durchzusetzen, nicht nur in Europa, sondern in der ganzen Welt.

Anstelle des Ideals des Mächtigseins tritt das Ideal der Gütigkeit nicht nur gegen die Menschen, sondern auch gegen alle Kreatur. Diese Idee der Gütigkeit gegen Menschen und alle Geschöpfe wird jetzt angesehen als zur wahren Kultur gehörig. Das ist ein Erfolg, den ich nicht zu erhoffen gewagt hätte. Katholiken und Protestanten gehen hierin miteinander. Auch in Asien und in Japan findet diese tiefere Ansicht von Kultur Anerkennung, und auch in Asien. Die Gütigkeit gegen alle Geschöpfe wird jetzt in den Schulen gelehrt. Auch die Leute in Indien machen mit. Meine Lehre ist ja die des grossen indischen Denkers Buddha! Und jetzt hat die indische Regierung verordnet, dass das Mitleid mit allen Kreaturen in allen Schulen gelehrt werden soll. Das war bisher nicht Brauch.

Die Menschheit hatte das Bedurfnis zu einer tieferen und edleren Kultur. Es ist Aussicht, dass sie sie erlangen wird. Und ich habe ein bischen mitgeschoben, dass es zustande kommt –

Hier schicke ich dir ein Bild, wie ich im Alter bin. Nach Europa werde ich nicht mehr zurückkehren. Zum letzten Mal war ich 1959 dort. Ich will in meinem Spital bleiben bis zu meinem Tod und hier begraben sein.

Mit lieben Gedanken

Dein Albert Schweitzer

Ich kann noch munter herumlaufen.

Mrs. Alice Ehlers
Clark House
710 West Adams
Los Angeles, California, USA 21.6.1965

Liebes Cembalinchen,

Wie schön, ein Lebenszeichen von dir zu erhalten durch Rebecca Weiler. Ich habe das Unglück, durch Schreibkrampf im Schreiben sehr behindert zu sein. Im übrigen geht [es] mir gut. Trotz meiner 90 Jahre[163] bin ich frisch und arbeitsfähig. So manchmal denke ich an dich und deine Kunst. Hoffentlich geht es dir in jeder Hinsicht gut. Wenn du dich aufraffen könntest, mir einen schönen Brief zu schreiben, würde es mich freuen. Ich habe die Freude zu erleben, dass meine Idee der tiefen Humanität ihren Weg in der Welt macht. Sie setzt sich kampflos durch, kraft der Energie ihrer Wahrheit. Mein Spruch, dass die Bestimmung des Menschen ist, immer menschlicher zu werden, setzt sich durch. Das ist viel mehr, als ich zu hoffen wagte.

Ich werde wahrscheinlich nicht mehr nach Europa zurückkehren. Die Arbeit in dem immer grösser werdenden Spital erlaubt mir nicht, auf Reisen zu gehen.

Ich schicke dir hier ein Bild des Spitals. Es liegt am Rande eines grossen Flusses im Schatten grosser Palmbäume. Das Spital besteht aus 60 Gebäuden. Wir können fort und fort 600 Kranke aufnehmen. Wir sind sechs Ärzte und 15 (europäische) Pflegerinnen.

Ich schreibe dir an meinem Tisch im Spital.

Herzlich
Dein Albert Schweitzer

Beste Grüsse an Rebecca Weiler.

31 July 1965

Geliebter Doktor -

Dank, vielen Dank für Dein so liebes und gutes Bild. Du bist absolut unverändert, nur bischen weisser, was sehr gut aussieht! – Dein Brief kam an meinem Geburtstag als mein schönstes Geburtstags-Geschenk! Ein glücklicher Zufall! – Ich bin dankbar zu wissen, dass Du gesund bist und Deiner Idee weiter leben darfst. – Nun fürchte ich, wirst Du mir mit Recht böse sein, weil ich Dir das inliegende Programm nicht früher oder gleich geschickt habe. Ich hatte auf Wunsch die "Dedication" geschrieben; sie haben aber, ohne mich zu fragen, den letzten Absatz umgestellt. Ich wäre nie so anmassend (hoffe, man schreibt es so!) gewesen „As a close friend", ich schrieb „Honored", „geehrt", „by the friendship", das ist etwas ganz Anderes! Das war der Grund, dass ich es nicht über mich gebracht habe, Dir das Programm zu schicken. Sei mir bitte nicht böse für die Verzögerung. Dr. Ducloux[164] ist ein „Französischer Schweizer"; die Aufführung war sehr schön – So, nun hast Du meine Beichte.

Die Universität hat mein 25. Jahr als Professor gefeiert, d.h. ich habe mit vier meiner besten Studenten – (alle schon Professoren an verschiedenen Universitäten) die Bach-Konzerte für 1, 2, 3 und 4 Cembali gespielt. Es war ein sehr gutes Konzert, ausverkauft! Grosser Enthusiasm! – Das war das Erstemal, dass alle Konzerte gespielt wurden in L.A. Meine Schüler sind alle vier Organisten und Cembalisten –, wie in alten Zeiten. Ich war die einzige Ausnahme. Technisch bin ich besser, als ich jemals war, trotz meiner – 78 – Jahre. Und die Einsicht und das Verständnis ist tiefer und grösser geworden. Nur Solo-Abende will ich nicht mehr geben und auch stelle ich mir jetzt die Noten auf. Muss aber erst lernen, wo alles steht, weil ich doch mein ganzes Leben ohne Noten gespielt habe. Das ist sehr verwirrend! – Der Himmel beschütze Dich!

In Liebe und Verehrung
Cembalinchen

ANMERKUNGEN

1 Schweitzer, Albert: Leben, Werk und Denken 1905-1965. Mitgeteilt in seinen Briefen. Hg. von Hans Walter Bähr, Heidelberg 1987, S. 237 (im folgenden „Briefe").

2 Ehlers, Alice: Harpsichordist. Completed under the auspices of the Oral History Program, University of California, Los Angeles 1968, S. 73 f.

3 Ehlers, Alice: Musical Days with Albert Schweitzer. The Albert Schweitzer Jubilee Book, Hg. von A.A. Roback, Cambridge, Massachusetts 1945, S. 232

4 Ehlers, Alice: Harpsichordist, S. 74 f.

5 Ehlers, Alice: Harpsichordist, S. 75, 78

6 Jubilee Book , S. 227-236

7 Ehlers, Alice: Harpsichordist, S. 72

8 Cousins, Norman: Albert Schweitzer's Mission: Healing and Peace, New York/London 1985

9 „Ich bin nicht wirklich eine Musikwissenschaftlerin. Ich bin eine konzertierende Cembalistin, die das Wenige, was sie weiß, durch Spielen gelernt hat [...] Ich weiß außerdem, daß meine Barockkurse sehr lebendig waren" (Ehlers, Alice: Harpsichordist, S. 213). Dieses Urteil ist von ihrer Kollegin und Freundin, der Musikwissenschaftlerin Pauline Alderman (We Build a School of Music, Los Angeles 1989, S. 177) bestätigt worden.

10 Alderman, Pauline: School of Music. Andere Musiker zeichneten ein ähnliches Bild. Unter ihnen waren der Dirigent des Carmel Bach Festivals, Sandar Salgo, Eva Heinitz, die Viola-da-gamba-Virtuosin, mit der Alice Ehlers jahrelang Konzerte gab, und ihre früheren Studenten, Professor Thomas Hall und der verstorbene Professor Ronald Huntington. Sie alle interviewte der Herausgeber dieses Buches.

11 Wolfgang Graeser war ein junger Musikforscher, der die „Kunst der Fuge" orchestrierte und dadurch dieses Meisterwerk des späten Bach besser bekannt machte. Einige Kritiker hießen den Versuch willkommen, während andere, wie zum Beispiel der Musikologe Basil Lam, die Meinung vertraten, daß dieses Werk nur auf dem Cembalo oder der Orgel gespielt werden dürfe, da Arrangements für andere Instrumente „ausnahmslos der Bachästhetik fremd" seien (Heritage of Music, hg. von M. Raeburn/Alan Kendall, Oxford/New York 1989, Bd. I, S. 193).

In ihrer auf Interviews beruhenden Autobiographie sagte Alice Ehlers: „Graeser war ein Gelehrter, der Musiker sein wollte, aber sein Violinspiel war nur mittelmäßig. Sein Verstand und sein logisches Denken waren überdurchschnittlich; er war ein Mensch von hoher Intelligenz, klug und logisch. Aber er fand nicht seinen und er hatte nicht genug Interesse an einer Laufbahn als Musikologe. Er war ungeduldig mit sich und sehr ehrgeizig. Und als er dann die Orchestrierung der 'Kunst der Fuge' herausbrachte, war es eine große Sensation, [...] und sie wurde aufgeführt. Die erste Aufführung fand in Leipzig 1927 (unter Karl Straube) statt. Ich war anwesend, aber ich spielte nicht. In der zweiten Aufführung in der Staatsoper Berlin unter Kleiber spielte ich den Cembalopart. Danach spielte ich ihn in den meisten folgenden Aufführungen" (Ehlers, Alice: Harpsichordist, S. 150 f.). „Nach einiger Zeit", so beendete sie ihren Bericht, „ließ das Interesse nach, und Graeser konnte keinen Weg in eine produktive Zukunft finden". Er verbrachte den letzten Abend seines Lebens in ihrer Wohnung und erhängte sich in der Nacht.

12 Die „Kunst der Fuge" (BWV 1080) besteht aus vierzehn Fugen und vier Kanons, alle auf einem Thema aufgebaut. Nach einer Notiz, die Bachs Sohn Karl Philipp Emanuel in das Manuskript einfügte, starb der Meister, während er an der letzten Fuge arbeitete. Der Musikforscher Donald Francis Tovey widmete Schweitzer seine Ausgabe der „Kunst der Fuge".

13 Polnische Pianistin, Cembalistin und Komponistin (1877-1959), weltberühmte Interpretin alter Musik. Sie schrieb über J.S. Bach. Landowska war Ehlers' Lehrerin an der Musikhochschule in Berlin. Ehlers betrachtete sie als große Musikerin, aber nicht als große Pädagogin. Im Jahre 1927 gründete Landowska eine Schule für alte Musik (Ecole de musique ancienne) in Saint-Leu-la-Forêt bei Paris.

14 Willibald Gurlitt (1889-1963), Professor für Musikwissenschaft an der Universität Freiburg, beschäftigte sich besonders mit der Wiederentdeckung mittelalterlicher Musik. Schweitzer fand in ihm einen jüngeren Mitarbeiter in seinem Bestreben, alte Orgeln zu retten (siehe seine Briefe an Gurlitt vom 8. April 1922 und 8. Februar 1926; in: Briefe).

15 „Mitteilungen aus Lambarene" war der Titel von drei Heften, in denen Schweitzer von seinen Erlebnissen in Afrika von 1924 bis 1927 berichtete. Man findet sie jetzt in Schweitzer, Albert: Ausgewählte Werke, Berlin o.J., Bd. I, S. 479-685.

16 Emmy Martin (1882-1971) war die Witwe des Pastors Wilhelm Martin. Als junge Sängerin wurde sie Schweitzers Schülerin, die er „die jubelnde Bach-Nachtigall" nannte (Martin, Emmy: Die Mitarbeiterin Albert Schweitzers, hg. von Robert Minder/Hans Walter Bähr, Tübingen 1964, S. 26).

Nach dem Ersten Weltkrieg erholte sich Schweitzer von einer schweren Dysenterie, an der er in den Internierungslagern in Südfrankreich erkrankt war. Die Schulden, die er für das verlassene Urwaldhospital gemacht hatte, lagen wie eine schwere Last auf seinen Schultern. Aber Schweitzer war entschlossen, sein Leben und sein Spital neu aufzubauen. Damals entschloß sich Emmy Martin, ihre musikalische Laufbahn aufzugeben und sich völlig dem Dienst für Schweitzer zu widmen. Sie half ihm, seine Reisen zu organisieren und reiste wiederholt mit ihm. Sie übernahm einen großen Teil seiner Korrespondenz, fand die Firma C.H. Beck in München als Verleger seiner Kulturphilosophie, half bei der Auswahl neuer Ärzte und Pflegerinnen, kaufte und verschiffte Arzneien und chirurgische Instrumente nach dem französischen Äquatorialafrika, das später die Republik Gabun wurde. Sie bereitete seine Bücher und Artikel zum Druck vor und wurde seine Vertreterin in Europa, als Schweitzer 1924 seine Arbeit in Lambarene wiederaufnahm. Sie diente Schweitzer etwa fünfundvierzig Jahre lang, zuerst in Kork (siehe Anmerkung 18) und Straßburg, dann in Günsbach (siehe Anmerkung 25).

17 Robert Minder (siehe Anmerkung 19) nannte Maria Bahlmann die „Seele der niederländischen Bachvereinigung" (Martin, Emmy: Die Mitarbeiterin Albert Schweitzers, S. 60). Maria Bahlmann half, Schweitzers Orgelkonzerte und Vorlesungen in Holland 1928 zu organisieren.

18 Eine kleine Stadt bei Kehl. Emmy Martin lebte dort in einer alten Mühle. 1924 schrieb Schweitzer der Kirchenbehörde in Kork über die Restaurierung der dortigen Orgel. Am 17. Juni 1928 schrieb Schweitzer in Emmy Martins Gästebuch in Kork. Er redete die Mühle folgendermaßen an: „Am 8. März 1922 nahmst Du den müden Wanderer zum ersten Male auf. Frühling und Winter kämpften miteinander in der stürmenden Nacht, wie Hoffen und Verzagen in meinem Herzen. Wieviel Mal hast Du mir dann noch Obdach gegeben! Du warst mir eine Zuflucht [...] Mühle, wie oft dachte ich an Dich in Afrika. Ich sah Dich im Schnee; ich sah die Bäume um Dich herum in Blüte stehen; ich roch das Heu, das auf den Wiesen vor Deinen Fenstern dorrte; ich hörte den Herbststurm an Deinen Laden rütteln [...] Ich danke Dir für die Heimat, die du in schwerster Zeit dem Heimatlosen gabst, liebe, schmucklose Mühle, die für mich schön wurde, durch die Güte, die ich von Dir erfuhr" (Martin, Emmy: Die Mitarbeiterin Albert Schweitzers, S. 43).

19 Robert Minder, ein Elsässer, Professor der Germanistik an der Universität Paris und dann am Collège de France, war Schweitzers Klavierschüler und wurde dann sein Freund und Mitarbeiter an einigen seiner Projekte. Jahrelang gab Minder die „Cahiers Albert Schweitzer, Publication trimestrielle de l'Association française de ses amis" heraus. Zu seinem achtzigsten Geburtstag veröffentlichte Minder „Hommage à Albert Schweitzer", was dem so Geehrten viel Freude machte (Briefe, S. 318).

20 Eine schöne kleine Stadt südlich von Straßburg. Der junge Schweitzer besuchte sie oft von seinem Heimatdorf Günsbach aus. Er war tief bewegt von dem melancholischen Ausdruck in dem Gesicht eines Schwarzen, einem Werk des Bildhauers Bartholdi, der auch die Freiheitsstatue im Hafen von New York geschaffen hat.

21 Gottfried Silbermann (1683-1753) und Andreas Silbermann (1678-1734) waren Orgelbauer und Begründer eines Orgelbauunterneh-

mens in Straßburg. Die hier genannte Orgel stammt aus dem Jahre 1770 und befindet sich jetzt in der Kirche St. Martin in Colmar.

22 Vierzig Jahre später erinnerte sich Alice Ehlers in ihrer mündlichen Autobiographie an diesen Brief: „Als Schweitzer von [Graesers Tod] hörte, war er tief betrübt. Er hatte ihn, ich glaube durch mich, kennengelernt und war einmal mit ihm zusammen gewesen. Er schrieb mir: 'Ich hätte ihm helfen können. Warum haben Sie ihn nicht zu mir geschickt?' Und ich bin sicher, daß er ihm geholfen hätte (Ehlers, Alice: Harpsichordist, S. 155); siehe auch Amerkung 11.

23 Schweitzer verdeutscht hier das italienische „cantabile", d.h. auf dem Instrument „singend".

24 Schweitzer fürchtete, daß er in diesem Brief die Cembalistin gekränkt habe. Das war nicht seine Absicht, wie aus der folgenden Bemerkung in seinem Bachbuch hervorgeht: „Die Bachliebhaber schulden den Gelehrten, Künstlern und Instrumentenbauern, die das Cembalo unter uns wieder zu Ehren gebracht haben, tiefen Dank, und es ist zu hoffen, daß das Bachspiel auf diesem Instrument sich immer mehr einbürgern wird. Andrerseits aber darf man nicht glauben, daß man mit einem 'Zurück zum Cembalo' die Frage, auf welchem Instrument wir Bach spielen sollen, gelöst hat" (Schweitzer, Albert: J.S. Bach, Wiesbaden 1952, S. 309).

25 Das kleine Dorf im Elsaß (Haut-Rhin), wo Schweitzers Vater Pfarrer der evangelischen Gemeinde war und wo er seine Kindheit und frühe Jugend verbrachte. Mit dem Geld des Goethepreises (1928) baute Schweitzer in Günsbach ein Haus, in dem seine Ärzte, Pflegerinnen und er selbst ihre Ferien verbrachten. Jetzt befindet sich das vielbesuchte Schweitzer-Archiv in diesem und dem gegenüberliegenden Haus.

26 Am 22. März 1932 hielt Schweitzer anläßlich der Gedenkfeier zum 100. Todestag Goethes im Opernhaus von Goethes Geburtsstadt Frankfurt am Main die Festrede.

27 Margit Jacobi (1881-1943) und ihr Mann, Dr. Eugen Jacobi (1877-1933), waren alte Freunde Schweitzers, schon bevor sie von Straßburg nach Frankfurt umzogen, wo Schweitzer wiederholt ihr Gast war. Margit Jacobi wurde von den Nazis nach Theresienstadt verschleppt, wo sie starb.

28 Die Orgel der Dorfkirche in Günsbach wurde nach Schweitzers Plänen renoviert.

29 Eine kleine holländische Stadt. Alice Ehlers sagte in ihrer Autobiographie, daß sie und viele andere Musiker auf ihren Konzertreisen in Europa in den Häusern von Musikfreunden zu Gast waren. Von ihrer Gastgeberin in Bussum sagte sie: „In Amsterdam wohnte ich immer bei einer Familie [...] Eine reizende Frau [...] Ich nannte sie immer Moos. Es war ein schönes, großes Haus. Die Frau war sehr mütterlich. Als erstes ging sie durch meine Unterwäsche und sorgte dafür, daß das, was gebraucht war, gewaschen wurde.

Dann ging sie durch den Kleiderschrank und nähte fehlende Knöpfe an. Ich brauchte mich um nichts zu kümmern [...] war so dankbar. Ich bin ohnedies so schlampig. Hier wurde alles erledigt. Auch meine Koffer packte sie. Wunderbar" (Ehlers, Alice: Harpsichordist, S. 352).

30 Fräulein Margaret Deneke lebte in Oxford und unterstützte Schweitzers Werk. Sie besuchte Lambarene und half bei der Beaufsichtigung eingeborener Arbeiter.

31 Städtchen im Schwarzwald, wo Schweitzer ein Haus baute, bevor er 1924 zum zweiten Mal nach Afrika fuhr. Seine Frau, Helene, und seine Tochter, Rhena, lebten dort, bis sie 1933 vor den Nazis nach Lausanne flüchteten. Nach dem Krieg ernannte Königsfeld Schweitzer zum Ehrenbürger (siehe seinen Brief vom 16. Februar 1950 an den Bürgermeister Krauß und den Stadtrat; in: Briefe, S. 194 f.).

32 Alice Ehlers war Jüdin.

33 Der zweite Band von Schweitzers Kulturphilosophie (1923).

34 Das Buch von Flavius Josephus, einem Juden und assimilierten Römer, handelt von dem jüdischen Aufstand gegen die Römer, der im Jahre 70 A.D. zu der Zerstörung des zweiten Tempels in Jerusalem führte.

35 Die Verfolgung von Juden in Deutschland, besonders nach dem Massenboykott jüdischer Geschäfte am 1. April 1933.

36 Emma Hausknecht, ursprünglich Lehrerin, schloß sich den Pflegerinnen in Lambarene 1925 an. Mit ihren vielseitigen Fähigkeiten wurde sie eine von Schweitzers hochgeschätzten Assistentinnen und diente einunddreißig Jahre lang ihm und dem Spital. In einem Buch, in dem alle genannt sind, die in Lambarene arbeiteten oder es besuchten, schrieb Schweitzer über Mlle Emma: „Sie hat durch ihre Gesinnung dem Werk so viel gedient wie durch ihre Arbeit. Ihr Einfluß auf uns war so groß wie auf die Schwarzen. Ihr Rat, ihr Urteil, ihre Kritik sind unvergeßlich" (Oswald, Suzanne: Mein Onkel Bery, Zürich/Stuttgart 1971, S. 140).
Nach ihrem Tode am 1. Juni 1956 schrieb Schweitzer an seine Nichte: „Wenn ich den Kopf hebe, sehe ich das Kreuz auf Emmas Grab vor meinem Fenster in Weiss neben der hellgrünen Dattelpalme schimmern und drunten glitzert der Fluss im Sonnenschein zwischen den Palmen hindurch [...] Mein Leben ist durch Emmas Tod noch schwerer als da Du hier warst" [1955]; Oswald, Suzanne: Mein Onkel Bery, S. 174 f.).

37 Die folgenden Notizen schrieb Alice Ehlers über eine Predigt, die Schweitzer in Günsbach gehalten hatte. In ihrer Autobiographie drückte sie ihr Bedauern darüber aus, daß sie nicht öfter wichtige Ereignisse schriftlich festgehalten hatte.

38 Alice Ehlers zitiert hier aus dem fünften Teil der Ethik von Spinoza in der Übersetzung von Carl Vogl (Leipzig 1909). In dieser

Übersetzung aus dem Lateinischen schreibt Vogl „Geist“, während Otto Baensch „Seele“ vorzieht (Leipzig 1922).

39 Matthäus 6, 12

40 Übersetzung: Visa für mehrere Ein- und Ausreisen nach und aus Frankreich.

41 Der russische Gesandte am Hofe des Kurfürsten von Sachsen in Dresden, Graf Keyserlingk, beauftragte Bach 1737, diese Variationen zu komponieren (BWV 989). Sie waren für Johann Gottfried Goldberg, den zehnjährigen Cembalisten im Dienste des Grafen, bestimmt.

42 Übersetzung: Die große Künstlerin Alice Ehlers wird ihre Ferien in dem Haus Dr. Albert Schweitzers verbringen.

43 Aufenthaltserlaubnis

44 Rhena Schweitzer Miller, damals ein sechzehnjähriges Mädchen, erinnert sich nicht, Unterricht von Alice Ehlers erhalten zu haben.

45 Jahrelang mietete Schweitzer eine Wohnung in dieser Straße in Straßburg, wo – unter der Leitung von Emmy Martin – die geschäftliche Arbeit des Hospitals, besonders die Verschickung von Instrumenten und Medikamenten, stattfand.

46 Wahrscheinlich der Violinist Adolf Busch (1891-1952), möglicherweise aber auch der Dirigent Fritz Busch (1890-1951) oder der Cellist Hermann Busch (1897-1975).

47 Fritz Münch, Kirchenorganist und direktor des Konservatoriums in Straßburg, war der Bruder des Dirigenten Charles Münch (1891-1968). Alice Ehlers lernte ihn als Studenten an der Musikakademie Berlin kennen und hielt ihr Leben lang eine freundschaftliche Beziehung zu ihm aufrecht.

48 Die Chromatische Phantasie und Fuge (BWV 903) komponierte Bach in Cöthen in den Jahren 1720 bis 1723.

49 Bach komponierte diese Kantate, # 4, wahrscheinlich im Jahre 1707.

50 Der Bürgermeister schrieb 1934 statt 1935.

51 Dieses geplante Zusammentreffen in Dover fand statt.

52 Alice Ehlers schrieb diese Notizen nach einer Unterhaltung zwischen Albert Schweitzer und Sir Arthur Wauchope.

53 General Sir Arthur Wauchope war High Commissioner für Palästina, das damals noch unter dem britischen Mandat stand. Alice Ehlers lernte ihn während ihres Aufenthaltes in Palästina 1933 kennen. In ihrer Autobiographie beschreibt sie ihn als einen hochkultivierten Menschen (Ehlers, Alice: Harpsichordist, S. 109). Sir Arthur liebte das Cembalo, und Alice Ehlers gab mit einigen anderen Musikern Konzerte in seinem Haus in Jerusalem. Sir Arthur aber war mehr als nur ein flüchtiger Bekannter in ihrem Leben. Er war es, der der politisch naiven Künstlerin riet, nicht nach Nazi-Deutschland zurückzukehren. Zwei Jahre später stellte sie ihm auf seine Bitte hin Schweitzer vor.

54 Übersetzung: Und dann fragte er [Wauchope] Schweitzer: „Könnten Sie mir sagen, warum mein Baum des guten Willens in Palästina nicht gedeihen kann?“

55 Übersetzung: Manchmal genügt ein ganzes Leben nicht, um einen Menschen als Freund zu gewinnen, und manchmal wird ein Mensch einem in einer Minute zum Freund.

56 Wienerisch für Lene, d.h. Helene Schweitzer.

57 Dr. Robert Weiß war der Apotheker in Straßburg, der das Schweitzer-Hospital mit Medikamenten belieferte. Offenbar benutzte Alice Ehlers diese Verbindung, um sich Allophagina zu beschaffen.

58 Die Firma des Musikverlegers Robert Schirmer in New York City veröffentlichte Schweitzers und Widors Ausgabe von Bachs Orgelwerken. Der Plan einer Zusammenarbeit von Schweitzer und Widor geht auf die Jahre vor dem Ersten Weltkrieg zurück. Charles-Marie Widor (1844-1937), Organist und Komponist, war Schweitzers Lehrer und Freund. Die Veröffentlichung der Bachschen Orgelwerke wurde nach dem Zweiten Weltkrieg von Schweitzer und dem Organisten Edouard Nies-Berger weitergeführt und schließlich von Nies-Berger allein vollendet (siehe Anmerkung 111).

59 Carl Weinrich war Organist und Chordirigent an der Universität Princeton und lehrte am Wellesley College und an der Universität Harvard. Sein Aufsatz „Albert Schweitzer's Contribution to Organ-Building“ (Albert Schweitzers Beitrag zum Orgelbau) findet sich in The Albert Schweitzer Jubilee Book, Cambridge, Massachusetts 1945, S. 213-226.

60 Werk von Bach (BWV 971).

61 Leopold Stokowski (1882-1977). Alice Ehlers sieht in den Transkriptionen des berühmten Dirigenten für großes Orchester ein Symbol der angeblich amerikanischen Neigung, das Größere als das Bessere anzusehen.

62 Die Medizin, die Schweitzer wiederholt für Alice Ehlers beschaffte.

63 Dr. Archibald T. Davison war ein Student von Widor und hörte Schweitzers Orgelspiel, bevor dieser nach Afrika ging. Als Professor der Musikwissenschaft an der Universität Harvard lud er Schweitzer ein, in den Vereinigten Staaten Vorträge zu halten und Orgelkonzerte zu geben. Wegen seiner Arbeit im Hospital und am dritten Band seiner 'Kulturphilosophie' lehnte Schweitzer die Einladung ab. Davison steuerte einen Aufsatz, „The Transcendentalism of Albert Schweitzer“ zum Jubilee Book (S. 197-211) bei.

64 Einige Teile von Bachs „Clavierübung“ erschienen zwischen 1731 und 1739. „Übungen“, wie Bach selbst auf der Titelseite der Ausgabe von 1731 schrieb, sind Klavierstücke, „den Liebhabern zur Gemütsergötzung verfertigt“ (Schweitzer, Albert: J.S. Bach, S. 280).

65 Man findet die Duette im dritten Band der Ausgabe der Bachgesellschaft.

66 Es handelt sich um den dritten Band der 'Kulturphilosophie'. Vierzig Jahre lang arbeitete Schweitzer an diesem Werk. 1949 sagte er dem Verfasser dieser Anmerkungen, daß er daran arbeite, daß aber seine Tätigkeit als Leiter seines Spitals ihn daran hindere, den Band zu vollenden. Auch später gelang es ihm nicht, und so befinden sich in seinem Nachlaß zahlreiche Entwürfe und Skizzen, an deren Veröffentlichung gearbeitet wird.

67 Schweitzer und Ehlers lernten sich 1928 in Berlin kennen.

68 Siehe Anmerkung 12. Es geht aus diesem Brief hervor, daß Schweitzer die Instrumentierung für großes Orchester nicht befürwortet hätte.

69 Christina Ehlers Wentworth und Maria Ehlers.

70 Schweitzer schiffte sich in Bordeaux, Frankreich, für die Reise nach Äquatorialafrika ein. Sein Brief vom 10. Mai 1937 ist die Antwort auf einen Brief von Alice Ehlers, der verlorengegangen ist.

71 Diese Ermutigung bezieht sich auf die Lage in Deutschland und die wachsende Kriegsgefahr.

72 Schweitzer neigte zu langsameren Tempi. Die Pianistin Elly Ney berichtete, daß er die „Tempo-Jäger" kritisierte und sagte: „Wer zu schnell spielt, kommt in die Hölle" (Anekdoten um Albert Schweitzer, gesammelt und erzählt von Roland Schütz, München/Eßlingen 1966, S. 70).

73 Shabat: hebräisch für Sabbat, Samstag, Sonnabend.

74 Bronislaw Hubermann (1882-1947), der berühmte polnische Violinvirtuose, gründete das Palästinensische Symphonieorchester im Jahre 1936. Es ist jetzt das Israel Symphonieorchester.

75 Der in Deutschland geborene Architekt Erich Mendelsohn (1887-1953) entwarf Gebäude in Deutschland (Einsteinturm bei Potsdam), Israel (das medizinische Zentrum in Jerusalem) und anderswo.

76 Christina Ehlers Wentworth lebte in Los Angeles. Ihre Mutter sagte von ihr: „Sie war sehr begabt, nicht musikalisch, aber auf anderen Gebieten" (Ehlers, Alice: Harpsichordist, S. 151).

77 Albert und Helene Schweitzers einziges Kind wurde am 14. Januar 1919 geboren und lebte, als dieser Brief geschrieben wurde, mit ihrer Mutter in Lausanne, Schweiz.

78 Während des Zweiten Weltkrieges schrieb Schweitzer seine Briefe in Französisch, um ihnen den Weg durch die militärische Zensur der französischen Kolonie zu erleichtern. Alice Ehlers schrieb aus demselben Grund ihre Briefe in Englisch.

79 Everett Skillings, Professor am Middlebury College im Staate Vermont, war Vorsitzender der „Albert Schweitzer Fellowship", die noch heute besteht. Er schrieb einen Aufsatz „Albert Schweitzer Humanitarian", der im Jubilee Book veröffentlicht wurde (S. 87-117). 1949 fügte Skillings der Autobiographie Schweitzers (Aus

meinem Leben und Denken), die mit dem Jahre 1931 endet, ein „Postscript 1932-1949" hinzu.

80 1940 hatte Alice Ehlers eine Professur an der Musikhochschule dieser Universität in Los Angeles angenommen. Jahrelang veranstaltete sie dort und am Pomona College in Claremont, Kalifornien, Konzerte und überwies Schweitzer die Einkünfte für das Spital.

81 Diese Komposition (BWV 248) ist ein Hauptwerk Bachs für Chor, Solisten und Orchester aus dem Jahre 1734.

82 Dr. Ladislas Goldschmid, der in Ungarn geborene Arzt und Flüchtling aus Nazi-Deutschland, arbeitete seit 1933 im Krankenhaus in Lambarene und seit 1954 für andere internationale medizinische Organisationen. Schweitzer schrieb ihm am 3. Februar 1939 aus Günsbach: „Wie beruhigt bin ich, Sie dort [in Lambarene] zu wissen" (Briefe, S. 155).

83 Dr. Anna Wildikann, eine Ärztin aus Riga, arbeitete sieben Jahre lang in Lambarene und wanderte nach dem Krieg nach Palästina aus. Sie war eine gute Fotografin, und ihre Bilder von Pelikanen gaben Schweitzer die Anregung, „Ein Pelikan erzählt aus seinem Leben" (Hamburg 1950) zu schreiben. Er benutzte in diesem Büchlein die Fotografien von Anna Wildikann.

84 Auguste Jean Guillaume César Franck (1822-1890) war ein in Belgien geborener Komponist und Organist, dessen Orgelwerke Schweitzer oft in Konzerten spielte.

85 Monique, geboren 1939, und Philippe, geboren 1940. Zwei weitere Kinder, Christiane und Catherine, wurden 1942 und 1946 geboren.

86 Aristide Cavaillé-Coll (1811-1899) baute etwa fünfhundert Orgeln. Damit regte er Komponisten wie Widor und Franck an, Werke für die Orgel zu schreiben.

87 Jean Eckert (1917-1985) heiratete Rhena Schweitzer. Die Ehe wurde nach Jahren geschieden.

88 Bruno Walter (1876-1962), in Deutschland geborener Dirigent, mußte Nazi-Deutschland verlassen. Seine Interpretationen von Werken von Mozart, Beethoven und Gustav Mahler gelten als hervorragend. Er stand in Korrespondenz mit Albert Schweitzer (Briefe, S. 295). In Kalifornien gehörte er einem Kreis von europäischen Künstlern und Schriftstellern an: Heinrich und Thomas Mann, Franz Werfel, Lion Feuchtwanger und Arnold Schönberg.

89 Hans Pfitzner (1869-1949), deutscher Komponist und Dirigent. „Die Zeit Pfitzners" bezieht sich auf die Jahre 1908 bis 1916, als Pfitzner Leiter des Konservatoriums und später Musikdirektor der Oper in Straßburg war. Schweitzer und Pfitzner lernten sich 1908 kennen, als beide sich für den Bau einer Orgel in Straßburg einsetzten. Zu Pfitzners 60. Geburtstag schrieb Schweitzer ihm als einer derer, „die Sie liebhaben und bewundern" (Briefe, S. 101). Aber in ihren Ideen und in ihrem Temperament waren Schweitzer und Pfitzner sehr verschieden: „Störrisch wie ein arabisches

Vollblutpferd!", charakterisierte ihn Schweitzer (Martin, Emmy: Die Mitarbeiterin Albert Schweitzers, S. 21).

90 Allen Armstrong Hunter war Pfarrer der Mount Hollywood Congregational Church in Hollywood. Er war aktiv in einer Gruppe, die sich für Schweitzers Werk einsetzte. Hunter schrieb „Three Trumpets Sound: Kagawa. Gandhi. Schweitzer", New York 1939.

91 Dies bezieht sich auf Alice Ehlers Frisur.

92 Dr. Max Krone war damals der Leiter der Musikabteilung der University of Southern California. Krone war es, der Alice Ehlers als Professorin gewann.

93 Mathilde Kottmann war Schweitzers erste Pflegerin nach seiner Rückkehr nach Afrika. Dr. Frédéric Trensz, selbst Arzt in Schweitzers Krankenhaus, beschrieb Mathilde Kottmann als „hager, zurückhaltend, introvertiert, sehr gütig, pflichttreu und dem Doktor ganz ergeben" (Trensz, Frédéric: Der Weg in Lambarene: Die Helferinnen. In: akewa: Ali Silvers Weg für Albert Schweitzers Werk, hg. von Makoto Abe, Tübingen 1984, S. 26). Fräulein Mathilde arbeitete in Lambarene bis 1966.

94 In einem nicht mehr vorhandenen Brief hatte Ehlers offenbar Helene Schweitzer um Materialien für ihre Vorträge über Schweitzer und das Spital gebeten.

95 Hier irrte Helene Schweitzer. Maria, die Tochter von Alice Ehlers, war in Deutschland und konnte keinen regulären Kontakt mit ihrer Mutter aufrechterhalten.

96 Wegen der Kriegslage beschlossen die Schweitzers in Lambarene und Alice Ehlers in Los Angeles, ihren Briefwechsel über die neutrale Schweiz weiterzuführen.

97 Kanton

98 Albert Schweitzer Fellowship. Die Pacific Branch der Fellowship war von Alice Ehlers und anderen gegründet worden, um Schweitzers Krankenhaus, das während des Krieges von europäischen Hilfsquellen abgeschnitten war, mit medizinischen Apparaten, Medikamenten, Nahrungsmitteln und Geld zu unterstützen. Zu den leitenden Mitgliedern der Pacific Branch gehörten Walter Muelder, Thomas Mann, Igor Stravinsky und Alice Ehlers.
Die Unterstreichungen in einigen Briefen von Alice Ehlers stammen von Schweitzer und sollten ihm bei seiner Antwort dienen.

99 Kapitän G. Allan Hancock (1875-1965), ein Amateur-Zoologe und -Cellist, führte mit seinem Schiff „Velero III" Expeditionen zu den Galapagos-Inseln, den Karibischen Inseln und in das nördliche Südamerika durch (1931-1941). Sein Begleiter war John Garth, der in den dreißiger Jahren die Verbindung zwischen Hancock und dem Präsidenten der University of Southern California, Rufus von Kleinsmid, herstellte. Hancock wurde Mäzen der Universität. Seine Großzügigkeit kam vor allem der zoologischen Abteilung und der Musikschule zugute. Hancock finanzierte anfangs die Gehälter einiger Professoren der Musikschule, zu denen Alice Ehlers gehör-

te, bis dann die Schule genug Studenten hatte und finanziell auf eigenen Füßen stehen konnte (Aldermann, Pauline: We Build a School of Music, S. 185).

100 Dr. med. Edward H. Hume war direktor des Christian Medical Council for Overseas Work in New York City. Schweitzer schrieb ihm am 9. Januar 1941: „Zur Zeit ist es ganz unmöglich, irgendetwas aus Europa zu bekommen. Die von Freunden in den USA angebotene Hilfe ist für mich deshalb wie ein Wunder“ (Briefe, S. 158). Edward H. Humes Sohn, Thomas Hume, war Geistlicher.

101 Dr. Walter Muelder, Professor an der University of Southern California, war der erste Vorsitzende der Pacific Branch der Albert Schweitzer Fellowhip. Später nahm er eine Professur an der Universität Boston an.

102 Ehlers variiert hier 1 Cor. 13,13 etwas sarkastisch.

103 Thomas Mann (1875-1955), bedeutender Schriftsteller und Nobelpreisträger für Literatur, verließ Deutschland am Anfang der Nazizeit und lebte, als dieser Brief geschrieben wurde, in Pacific Palisades, einem Stadtteil von Los Angeles. Er unterstützte die Pacific Branch der Albert Schweitzer Fellowship.

104 Louis Nicolas Clérambault (1676-1749), französischer Organist und Komponist. Weinrich spielte aus den zwei Suiten, die als „Premier livre d'orgue“ (Erstes Orgelbuch) veröffentlicht wurden.

105 Henry S. Drinker (1880-1965) war Rechtsanwalt von Beruf und Musikwissenschaftler aus Neigung. Er übersetzte die Texte von Bachs Chorwerken ins Englische und verlieh sie durch die H.S. Drinker-Bibliothek an der Westminster Choir School in Princeton. Er veröffentlichte „Texts of Choral Works of J.S. Bach in English Translation“ (New York 1942-43), und „Bach's Use of Slurs in Recitativo Secco“ (Marion, Pennsylvania, 1946).

106 Igor Stravinsky (1882-1971), bedeutender, in Rußland geborener Komponist, lebte in Los Angeles und unterstützte die Pacific Branch der Albert Schweitzer Fellowhip.

107 Albert Schweitzer Fellowship

108 Dr. Bernard Eugene Meland, Professor der Religionswissenschaft am Pomona College von 1936 bis 1945.

109 Die University of Southern California.

110 siehe Anmerkung 13

111 Edouard Nies-Berger (auch Niesberger), elsässischer Organist und Komponist, spielte regelmäßig mit der New York Philharmonic. Seit 1950 gab er mit Schweitzer Bachs Orgelwerke heraus (siehe auch Anmerkung 58). Während und nach dem Zweiten Weltkrieg gab er, wie Alice Ehlers, Konzerte zugunsten des Spitals in Lambarene.

112 Das Wohltemperierte Klavier (BWV 846-893) besteht aus achtundvierzig Präludien und Fugen.

113 Johanna Engel war Malerin und eine Kusine von Helene Schweitzer. Im Juni 1928 war Schweitzer in ihrer Wohnung in Berlin zu Gast. Bei dieser Gelegenheit malte sie, wie Robert Minder berichtet, „eine Reihe von ausdrucksvollen Porträts ihres Gastes ... Niemand konnte ahnen, welch grausiges Ende die kluge und feine Frau einmal als sogenannte Nichtarierin finden sollte" (Martin, Emmy: Die Mitarbeiterin Albert Schweitzers, S. 36). Auch Alice Ehlers lernte die Malerin in ihrer Wohnung kennen.

114 siehe Anmerkung 27

115 In der First Congregational Church in Los Angeles.

116 Gertrud Koch war Krankenschwester in Lambarene.

117 Siehe Anmerkung 105. Als Schweitzer von der großen Bedeutung von Drinkers Beitrag zum Verständnis von Bach schrieb, dachte er wohl an Drinkers Studie über recitativo secco und nicht so sehr an seine Übersetzung von Bachs Choraltexten in Englische.

118 Christina (Tina) und Peter Douglas

119 Frau Martins Sohn Hans war Soldat in der deutschen Wehrmacht und verlor seinen linken Arm.

120 Johann Joachim Quantz (1697-1773), Komponist und Flötist, war der Flötenlehrer Friedrichs II. von Preußen, der selbst Flötenkonzerte schrieb.

121 Carl Philipp Emanuel Bach (1714-1788), Komponist und Dirigent, Sohn von J.S. Bach. Alice Ehlers bezieht sich hier auf den „Versuch über die wahre Art, das Klavier zu spielen" (1753), eine wichtige Quelle für das Verständnis des Klavierspiels im 18. Jahrhundert.

122 Schweitzer schreibt „driver drunk"; er meinte „drunk driver". Er las und verstand Englisch, beherrschte es aber nicht im Gebrauch.

123 Louise, Adèle und Margrete.

124 „The Albert Schweitzer Jubilee Book" enthält Aufsätze von vierundzwanzig Autoren.

125 Alice Ehlers schrieb „Musical Days with Albert Schweitzer" für das Jubilee Book, S. 227-236.

126 Dr. René Kopp, ursprünglich Pfarrer, wandte sich unter Schweitzers Einfluß der Medizin zu und wurde Arzt im Spital von Lambarene. Nach Schweitzers Tod im Jahre 1965 wurde Kopp Chefarzt und blieb bis zu seinem Tod am 23. Oktober 1973 in dieser Stellung. Am 4. September 1976, dem elften Jahrestag von Schweitzers Tod, wurde Kopp damit geehrt, daß ein neues Gebäude für Patienten, die sich von einer Operation erholten, „Haus des Dr. René Kopp" genannt wurde.

127 Maria Ehlers war die Tochter einer „Nichtarierin".

128 Der Dirigent Charles Münch (1891-1968), der in Deutschland und Frankreich Orchester geleitet hatte, wurde schließlich der musikalische direktor des Bostoner Symphonie-Orchesters. Ehlers wußte,

daß Schweitzer sich für Münchs Erfolge interessierte, da er seit seiner frühen Jugend mit der Musikerfamilie Münch (deutsche Schreibweise) oder Munch (französische oder englische Schreibweise) befreundet war.

129 Fritz Zweig, in Österreich geborener Dirigent und Pianist, begleitete die Sängerin Lotte Lehmann. Er war ein langjähriger Freund von Alice Ehlers, wahrscheinlich seit der Zeit, als beide Schüler von Arnold Schoenberg waren. Das „Unglück" war eine Operation, die es Zweig unmöglich machte, seine Laufbahn weiterzuverfolgen.

130 Um einen der Studenten zu zitieren: „Was uns am wichtigsten erscheint, ist, daß Sie uns mit ihrer Begeisterung und Liebe für Bach anstecken." Ehlers zitiert ihre Studenten, die sie als „streng und kritisch, aber sehr gut" charakterisieren.

131 „Aus der Tiefe rufe ich, Herr, zu Dir", die Kantate 131 von J.S. Bach.

132 Ehlers zitiert ihre Studenten, die sie als „streng und kritisch, aber sehr gut" charakterisieren.

133 Ehlers meint das Lungensanatorium in Clavadell bei Davos in der Schweiz. Ihre Tochter Maria ging nicht in die Schweiz, sondern suchte und fand Heilung in Oberstdorf in Bayern.

134 George Seaver: Albert Schweitzer: The Man and His Mind, New York/London 1947. Seaver hatte 1944 schon ein kleineres Buch veröffentlicht: Albert Schweitzer: Christian Revolutionary, New York/London.

135 Alice Ehlers' Bruder, Dr. Erwin Pulay, war Dermatologe, erst in Wien, dann in London.

136 Die fünfzehn zweistimmigen Inventionen von J.S. Bach (BWV 787-801).

137 Wie man in der großen Welt sagt.

138 „Der Streit zwischen Phoebus und Pan", J.S. Bachs satirische Kantate 201.

139 Schweitzer, der immer wieder Imitationen in Bachs Werken betonte, wies in seinem Buch über Bach nicht auf das Ia des Esels hin.

140 Heinrich Schütz (1585-1672), deutscher Komponist und Organist, einer der größten Vorläufer Bachs.

141 Marc-Antoine Charpentier (1645-1704), französischer Komponist, war mit Molières Theatergruppe assoziiert.

142 Jean-Baptiste Lully (1632-1687), in Italien geborener französischer Komponist, arbeitete in Paris als Küchenjunge und stieg am Hofe Ludwigs XIV. zur Stellung des Musikmeisters der Königlichen Familie auf. Er ist der Begründer der französischen Nationaloper.

143 „Sankt Peters Leugnung", eine dramatische Motette, Nummer 424 in Hitchcocks Katalog von Charpentiers Werken.

144 Abschnitt der Requiemmesse. Lully veröffentlichte sie 1684 in Paris als eine der „Motets à deux choeurs pour la chapelle du Roi" (Motette für zwei Chöre für die Kapelle des Königs).

145 Henry Purcell (1659-1695) war der größte englische Komponist des Barockzeitalters. „Saul and the Witch of Endor" (Saul und die Hexe von Endor) trägt die Nummer 134 in Zimmermanns Katalog.

146 Frank Martin (1890-1974), Schweizer Komponist, Pianist und Cembalist. Alice Ehlers spielte wahrscheinlich sein Konzert für Cembalo und Orchester (1952).

147 Rebner (siehe folgende beide Anmerkungen) gebrauchte scherzend die süddeutsche Dialektform.

148 In einem Brief vom 28. Februar 1991 an den Herausgeber des vorliegenden Buches erklärte Herr Rebner diese Bemerkung damit, daß ihn Schweitzers Stil des Orgelspiels an Ehlers' Wiedergabe der Goldberg-Variationen auf dem Cembalo erinnert habe.

149 Wolfgang Edward Rebner war ein 1910 in Deutschland geborener Pianist, später auch Komponist, der mit dem Cellisten Emmanuel Feuermann und den Violinisten Joseph Szigeti, Isaac Stern, Zino Francescatti und Nathan Milstein konzertierte. Während der Nazi-Jahre lebte Rebner in den Vereinigten Staaten und kehrte nach dem Krieg nach Deutschland zurück. In dem in Anmerkung 148 erwähnten Brief schrieb Rebner: „Ich brachte ihm [Schweitzer] als musikalischer Bote eine Schallplatte mit einer Symphonie von Ernst Toch (einem alten Freund), die der Komponist Schweitzer gewidmet hatte. Ich werde nie vergessen, mit welcher ernsten Konzentration Dr. Schweitzer der Musik lauschte. Einen ganzen Nachmittag lang spielte er uns (die Dirigentin Antonia Brico war unter den Zuhörern) auf der Orgel vor. Er schien mit meinen Bemerkungen über die Art, wie er die Baßlinie spielte, und mit seinem legato beim Pedalspiel zufrieden zu sein" (aus dem englischen Original übersetzt).

150 Peter Wentworth, der Sohn von Chapman und Christina Wentworth, der ältesten Tochter von Alice Ehlers, war der Vater eines Kindes, das früh starb.

151 Dr. Gabriel Langfeldt, ein norwegischer Psychiater, schrieb „Albert Schweitzer: A Study of His Philosophy of Life" (London 1960). Die ursprüngliche norwegische Fassung dieses Buches erschien 1958.

152 Wahrscheinlich J.S. Bachs Präludien für Wilhelm Friedemann Bach (BWV 924-932). Bachs ältester Sohn (1710-1784).

153 siehe Anmerkung 26

154 Die Tochter von Thomas Masaryk, dem ersten Präsidenten der Tschechoslowakei.

155 Viola-da-gamba-Virtuosin, konzertierte regelmäßig mit Alice Ehlers. Sie war Professorin an der Universität des Staates Washington in Seattle.

156 Professor Pauline Alderman war eine Kollegin von Alice Ehlers in der Musikabteilung der University of Southern California (siehe Einleitung zu diesem Buch).

157 Alice Ehlers' Tochter Christina und ihr Mann verunglückten beim Absturz eines Privatflugzeuges tödlich und hinterließen zwei Kinder. Die zwei anderen Kinder, von denen später in den Briefen Albert Schweitzers die Rede ist („vier Kinder") waren die von Maria Ehlers.

158 Fräulein Ali Silver, eine holländische Pflegerin, die das besondere Vertrauen Albert Schweitzers genoß, arbeitete in Lambarene von 1947 bis 1967. Dann half sie bis zu ihrem Tode bei der Organisation des Archivs in Günsbach. Das Buch „akewa: Ali Silvers Weg für Albert Schweitzers Werk" (Tübingen 1984) erschien zu Ehren Ali Silvers an ihrem 70. Geburtstag. Darin schrieb der Arzt Dr. Walter Munz: „Weil Fräulein Ali so tüchtig und belastungsfähig war, intelligent, selbstlos und selbständig zugleich, kam es wohl dahin, daß im Laufe der Jahre viel Verantwortung auf ihren Schultern landete und dort auch blieb. Dabei waren Ali's Schultern von Natur aus schmal und ihre Gestalt eher klein. Sie hatte große blaue Augen, die fröhlich leuchten, aber auch kritisch blicken konnten und manchmal durch alles Gegenwärtig-Alltägliche hindurch auf etwas ruhiges Übergeordnetes zu schauen schienen" (akewa, Ali Silvers Weg für Albert Schweitzers Werk, S. 30f.).

159 Giacomo Carissimi (1605-1674), italienischer Komponist und Chordirektor der schwedischen Königin Christina in Rom. „Jephta" (1650) ist eines seiner Oratorien.

160 Schweitzer nahm an den Bachfesten in Bethlehem, Pennsylvania, und Carmel, Kalifornien, nicht teil.

161 Alice Ehlers spielte Bachs fünftes Brandenburgisches Konzert mit seinen großen Passagen für das Cembalo besonders gern.

162 Es sollte „Töchter" heißen.

163 Schweitzer war noch immer bei guter Gesundheit, als er diesen Brief zweieinhalb Monate vor seinem Tode schrieb.

164 Walter Ducloux war Dirigent und Leiter der Opernabteilung an der Musikschule der University of Southern California.

EDITORISCHER HINWEIS

Die Originale der Briefe Albert Schweitzers an Alice Ehlers befanden sich im Besitz von Maria Ehlers, der Tochter von Alice Ehlers, und sind jetzt im Besitz des Albert Schweitzer Instituts, Chapman University, Orange, California, USA. Die Originale der Ehlers-Briefe sind im Albert-Schweitzer-Archiv in Günsbach/Elsaß, Frankreich.

Soweit die Herausgeber wissen, sind alle Briefe Albert Schweitzers an Alice Ehlers vorhanden und nur wenige von Ehlers an Schweitzer verlorengegangen. In einigen Fällen stammen Teile von Briefen von Schweitzers Gattin Helene, Schweitzers Helferin Emmy Martin und dem Pianisten Wolfgang Edward Rebner.

Die existierenden Briefe der Korrespondenz sind in diesem Band so wiedergegeben, wie sie im Original erscheinen.

Der größte Teil der Briefe ist im Original deutsch geschrieben. Aus Rücksicht auf die Zensur während des Zweiten Weltkrieges gingen Albert Schweitzer und Alice Ehlers später dazu über, in anderen Sprachen zu schreiben: Schweitzer auf französisch, Alice Ehlers auf englisch.

Die Interpunktion wurde vereinheitlicht, die originale Orthographie wurde jedoch beibehalten.